CLINIQUE CHIRURGICALE

DE

LA FORCIPRESSURE

OU

DE L'APPLICATION DES PINCES A L'HÉMOSTASIE CHIRURGICALE

PAR

G. DENY & EXCHAQUET

Internes des hôpitaux de Paris.

D'APRÈS LES LEÇONS PROFESSÉES PENDANT L'ANNÉE 1874

PAR

M. LE DOCTEUR PÉAN

ANCIEN PROSECTEUR

Chirurgien de l'hôpital Saint-Louis.

PARIS

LIBRAIRIE GERMER BAILLIÈRE

17, RUE DE L'ÉCOLE-DE-MÉDECINE, 17

1875

DE

LA FORCIPRESSURE

PARIS. — IMPRIMERIE DE E. MARTINET, RUE MIGNON, 2.

CLINIQUE CHIRURGICALE

DE

LA FORCIPRESSURE

OU

DE L'APPLICATION DES PINCES A L'HÉMOSTASIE CHIRURGICALE

PAR

G. DENY & EXCHAQUET

Internes des hôpitaux de Paris

D'APRÈS LES LEÇONS PROFESSÉES PENDANT L'ANNÉE 1874

PAR

M. Le Docteur PÉAN

ANCIEN PROSECTEUR
Chirurgien de l'hôpital Saint-Louis

PARIS

LIBRAIRIE GERMER BAILLIÈRE

17, RUE DE L'ÉCOLE-DE-MÉDECINE, 17

1875

AVANT-PROPOS

Pendant notre année d'internat à l'hôpital Saint-Louis, dans le service de M. le docteur Péan, nous avons assisté à un très-grand nombre d'opérations à la suite desquelles nous n'avons jamais vu ce chirurgien faire la ligature ou la torsion des vaisseaux divisés, ainsi que cela se pratique dans la plupart des services hospitaliers.

Pour obtenir l'hémostase, M. Péan saisit les vaisseaux avec des pinces spéciales, dites *pinces hémostatiques*, qu'il se borne à laisser dans la plaie pendant quelques minutes ou quelques heures au milieu des pièces du pansement. La simple compression exercée par ce moyen sur les orifices vasculaires, suffit à en déterminer l'oblitération définitive. Sans doute, ce n'est pas d'aujourd'hui que les pinces sont appliquées à l'hémostase, et cet usage a probablement une origine aussi reculée que celle des pinces elles-mêmes. Mais, jusqu'à nos jours, les chirurgiens n'avaient eu recours à cette pratique qu'accidentellement pour arrêter des hémorrhagies que tous les autres moyens avaient été impuissants à combattre. — C'était en quelque sorte un expédient ultime auquel on attachait si peu d'importance qu'il n'est même pas signalé dans les traités de chirurgie les plus complets. Dans ces dernières années cependant, plusieurs chirurgiens ont préconisé l'emploi des pinces dans les opérations, mais seulement pour faire de l'hémostasie temporaire, et suppléer à l'absence d'aides suffisamment exercés. — Dans ce but, MM. Sédillot et Legouest ont conseillé de petites pinces à ressort croisé qui s'ouvrent par pression latérale, et se referment spontanénent (1). Follin recommande les mêmes pinces lorsque, dans une opération longue et grave, on veut s'opposer momentanément à l'hémorrhagie sans s'arrêter à faire des ligatures (2).

Ces pinces ne sont autre chose que les serres-fines modifiées de Vidal de Cassis, dont ce chirurgien avait déjà recommandé l'emploi, « dans les cas où la ligature et les autres hémostatiques étaient d'une application trop longue, trop difficile et d'une efficacité douteuse (3) ». Malgré ces avantages, cette méthode était peu employée (4) et réservée exclusivement pour l'extirpation des tumeurs volumineuses. Une fois l'opération terminée, on retirait les pinces après avoir jeté au préalable des ligatures sur tous les vaisseaux pouvant encore saigner (5).

Aucun des auteurs que nous venons de citer ne donne le conseil de laisser les pinces dans la plaie jusqu'à ce que l'hémostase définitive soit obtenue.

---

(1) Sédillot et Legouest, *Tr. de méd. opér.*, 4ᵉ édit.

(2) Follin et Duplay, *Tr. de path. ext.*, t. II.

(3) Vidal de Cassis, *Tr. de path. ext.*, 5ᵉ édit.

(4) Dans l'article HÉMOSTASIE du *Nouveau dictionnaire de médecine et de chirurgie pratiques*, M. le docteur Després n'y fait aucune allusion et ne conseille l'emploi des serres-fines que pour arrêter le sang d'une petite plaie des muqueuses, ou d'une piqûre de sangsue.

M. Jamain, dans la deuxième édition de la *Path. ext.* de Nélaton, dit que les doigts d'un aide sont suffisants comme moyen hémostatique provisoire dans les opérations.

(5) Sédillot et Legouest, *loco citato.*

Cette pratique, suivie par M. Péan depuis plusieurs
années, lui a procuré cependant de tels avantages qu'il en
est arrivé peu à peu à exécuter presque toutes les opérations
sans faire une ligature. Sans vouloir en exagérer l'importance, nous croyons que les heureuses modifications qu'il a
fait subir aux pinces généralement employées avant lui ne
soit pas étrangères à ce résultat.

Bien que par ses nombreuses cliniques dans les hôpitaux
de Lourcine, de Saint-Antoine et de Saint-Louis, M. Péan
ait déjà fait connaître cette méthode d'hémostase, les sé-
rieux avantages qu'elle procure nous ont engagés à en faire
l'objet d'une description spéciale.

Après avoir présenté quelques considérations prélimi-
naires sur les procédés d'hémostase les plus généralement
employés, nous décrirons les principales applications des
pinces à l'hémostasie chirurgicale (1).

(1) Ce travail était sous presse (1) quand M. le professeur Verneuil est venu faire à la
Société de chirurgie une communication relative au même sujet.

M. Verneuil a rapporté douze observations d'hémorrhagies qu'il a réprimées à l'aide
d'une ou de plusieurs pinces laissées de deux à dix jours dans la plaie. M. Verneuil se
loue beaucoup de ce procédé, qui lui a paru assez distinct de la méthode compressive
pour mériter un nom et une description spéciale (voy. *Bulletins et Mémoires de la Société de chirurgie*, nouv. série, n° 1, t. I). — Bien que ce chirurgien n'ait pas encore
terminé la lecture de son mémoire, nous pouvons déjà considérer les faits qu'il a rap-
portés comme venant à l'appui de la pratique de M. Péan. Nous adopterons donc, pour
la commodité du langage et pour éviter toute confusion, le nom de *forcipressure*, donné
par M. Verneuil à ce procédé d'hémostase, en lui conservant son sens étymologique propre
(pression avec une pince), bien que ce ne soit pas une simple pression, mais plutôt une
sorte de constriction que l'instrument employé par M. Péan exerce sur les tuniques du
vaisseau.

(1) Une partie de cette étude a déjà été publiée dans la *Gazette médicale de Paris*, numéros du 16 et du
23 janvier 1875.

DE

LA FORCIPRESSURE

CHAPITRE PREMIER

CONSIDÉRATIONS PRÉLIMINAIRES
SUR LES PROCÉDÉS
D'HÉMOSTASE LE PLUS GÉNÉRALEMENT EMPLOYÉS

Importance de l'hémostase.—Procédés hémostatiques des anciens. — Ambroise Paré et la ligature. — Des moyens qui agissent mécaniquement pour oblitérer les vaisseaux. — De la torsion. — De la compression médiate : Compresseurs de M. Marcellin-Duval. – De la compression immédiate : Presse-artères. Anneaux de plomb et pinces de Percy Pinces de Marcellin-Duval. Serres-fines de Vidal de Cassis. Serres-fortes. — De l'acupressure. — De l'uncipressure. — La ligature et ses inconvénients. — Dangers de la ligature des veines.

Parmi les questions les plus dignes de fixer l'attention des chirurgiens, aucune n'est peut-être plus importante que celle de l'hémostase, les hémorrhagies ayant été de tous temps regardées comme l'accident le plus redoutable des grandes opérations. Pour se rendre maître du sang qui s'écoulait des gros vaisseaux après les opérations, les anciens appliquaient de l'huile ou de la poix bouillantes sur les plaies, ou en touchaient la surface avec le cautère actuel. C'était pour remplir le même but qu'ils pratiquaient aussi quelquefois des amputations avec des couteaux rougis au feu. Ces moyens, qui étaient à la fois cruels et insuffisants, furent cependant presque seuls mis en usage jusqu'à Ambroise Paré qui s'immortalisa en conseillant de faire après les opérations la ligature des vaisseaux sectionnés. Plusieurs siècles auparavant, Celse avait déjà indiqué cette méthode (1), mais, comme il arrive souvent, la ligature avait été complétement méconnue des médecins qui vinrent après lui et négligée dans la pratique chirurgicale (2). Employée aujourd'hui par la majorité des chirurgiens qui s'accordent à proclamer sa supériorité, la ligature fut cependant combattue à différentes reprises. Ne voulant pas décrire ici tous les procédés hémostatiques qui ont été successivement inventés pour la remplacer ou seulement y suppléer dans les cas où elle est impraticable, nous allons nous borner à passer en revue les principales méthodes qui agissent mécaniquement sur les vaisseaux pour produire l'hémostase, et qui à ce titre méritent d'être comparées à celle qui fait l'objet de ce travail. Laissant donc de côté les *styptiques*, les *absorbants* et les *caustiques*, nous nous occuperons surtout, avec la *ligature*, de la *torsion* et des divers modes de *compression* parmi lesquels nous rangeons l'*acupressure*, l'*uncipressure* et la *forcipressure*. Nous ne parlerons pas de la *máchure*, du *refoulement*, de l'*enclavement*, etc., ni de quelques autres procédés qui n'ont qu'un simple intérêt historique.

La *torsion* paraît avoir été connue de Galien, mais elle était complétement oubliée quand elle fut remise en honneur par Amussat, Velpeau, Fricke, Thierry, etc. Bien qu'on ait beaucoup simplifié de nos jours les procédés anciens de torsion, et, qu'au lieu de quatre pinces comme Amussat, on n'emploie plus aujourd'hui pour l'exécuter qu'une seule pince à laquelle on imprime sept ou huit tours de rotation sur son axe, la plupart des chirurgiens s'accordent à dire que cette opération est beaucoup plus longue et plus difficile à exécuter que la ligature. Son principal

____

(1) Lacauchic, *Esquisse d'une histoire des amputations et particulièrement de la méthode de Celse*, 1850.

(2) Vidal de Cassis, 5ᵉ édition, t. V

avantage serait même illusoire si, comme le croient quelques auteurs (1), l'extrémité tordue du vaisseau joue dans la plaie le rôle de corps étranger. Enfin la torsion a été accusée de déterminer des inflammations suppuratives le long des vaisseaux et d'exposer plus que la ligature aux hémorrhagies consécutives.

Malgré ces reproches, la torsion n'en est pas moins restée un procédé hémostatique des plus recommandables. Réservée en général pour les petites artères, elle est cependant préférée à la ligature même pour les gros vaisseaux, par quelques chirurgiens parmi lesquels il faut citer Holmes et Th. Bryant en Angleterre et en France M. Tillaux.

La *compression* est avec la torsion le procédé d'hémostase qui mérite le plus de nous arrêter. La méthode compressive se divise en *médiate* ou *immédiate* selon qu'elle agit sur les vaisseaux par l'intermédiaire des parties molles, ou directement sur eux.

La *compression médiate* est surtout employée pour suspendre la circulation dans le cours des opérations chirurgicales, pour empêcher l'arrivée du sang dans les tumeurs anévrysmales ou arrêter une hémorrhagie accidentelle. On la pratique avec les doigts ou des appareils spéciaux : bandages, garrot, tourniquet, compresseurs, pelote, sac de plomb, etc.

Parmi les instruments qui ont été imaginés pour faire de la compression médiate, nous devons citer d'une façon spéciale les *appareils compresseurs* de M. le professeur Marcellin-Duval (2). Construits en fil de fer ou en acier bruni, ces instruments sont très-légers et faciles à appliquer. La pression est exercée au moyen d'une pelote par la seule élasticité des ressorts, et peut être augmentée à volonté au moyen d'une vis. La pelote de pression a été ingénieusement disposée de façon à pouvoir être changée de place, lorsque sa présence devient douleureuse, sans qu'il soit nécessaire de toucher au reste de l'appareil. « Ainsi combiné, l'appareil de

(1) Sédillot et Legouest, *Tr. de méd. opér.*
(2) Marcellin-Duval, *Traité de l'hémostasie*, 1855-59. Paris, J.-B. Baillière.

Marcellin-Duval répond à toutes les indications possibles ; il nous semble assez parfait pour faire oublier tous ceux qui l'ont précédé (1). »

M. Marcellin-Duval a fait construire encore d'autres instruments destinés à l'hémostase et en particuler des pinces spéciales dont nous parlerons à propos de la *compression immédiate*.

Celle-ci se pratique avec les doigts, les éponges, de la charpie, de l'amadou, etc..., appliqués directement sur la surface saignante, soit pendant le cours d'une opération, soit après qu'elle est terminée, quand le sang coule en nappe ou provient de vaisseaux situés trop profondément pour pouvoir être liés ou tordus. Mais cette compression n'a jamais été considérée, par la majorité des chirurgiens, que comme un moyen adjuvant de la ligature ou de la torsion : souvent douloureuse et difficile à appliquer, elle ne convient que contre les hémorrhagies capillaires. Pour l'appliquer à des vaisseaux plus importants et en particulier pour la cure des anévrysmes, on a proposé divers instruments désignés généralement sous le nom de *presse-artères* (presse-artère de Deschamps, de Dubois, pince anévrysmale de Durest, etc...), qui sont aujourd'hui parfaitement oubliés (2). C'est dans le même but que Desault imagina de saisir l'artère entre deux petites plaques de bois serrées par un fil, et Percy de passer sous le vaisseau une lame de plomb qu'il repliait sur elle-même de façon à produire l'accolement des parois artérielles. Pour les artères béantes à la surface d'une plaie, Percy recommande encore de petits anneaux de plomb que l'on porte à l'aide de pinces sur l'extrémité du vaisseau. Cet anneau était aplati fortement sur l'artère avec une autre pince. Quelques années après, le même chirurgien se faisait le précurseur de la forcipressure, en conseillant de saisir les vaisseaux avec des pinces à arrêt terminées par deux petites plaques mobiles et roulant sur un pivot, afin que l'instrument

____

(1) Gaujot et Spillmann, *Arsenal de la chirurg. contemp.*
(2) Follin et Duplay, *loco citato.*

pût être renversé à volonté sur l'une ou l'autre lèvre de la plaie, sans que le vaisseau cessât d'être comprimé. Malgaigne trouve ce procédé inférieur au premier, malgré sa simplicité, parce qu'il laisse dans la plaie un corps étranger qui tiraille par son propre poids (1). De nouveaux essais de forcipressure devaient cependant suivre bientôt celui de Percy. Vidal de Cassis et M. Marcellin-Duval inventaient presque en même temps de petites pinces à pression continue pouvant être appliquées plus ou moins directement sur les vaisseaux.

C'est en 1848 que le professeur de l'École de Brest fit construire sur le même principe que ses compresseurs de petites pinces à pression élastique et graduée dont les mors affectent des formes différentes suivant les indications, et sont enveloppées d'un morceau d'agaric épais qui protége les tissus avec lesquels ils sont en contact immédiat (fig. 1 et 1 *bis*). Ces pinces sont très-

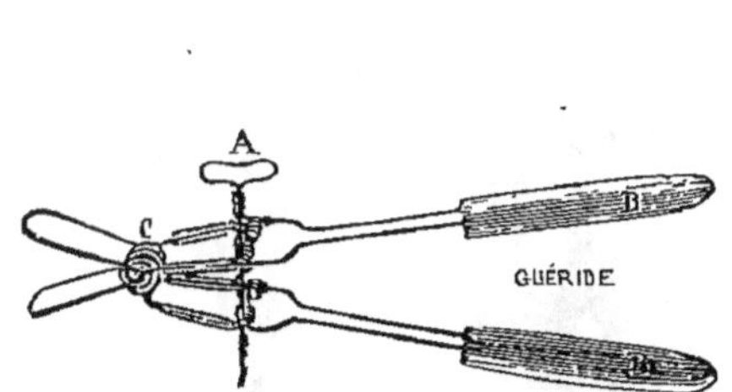

FIG. 1. — *Pince de Marcellin-Duval.*

A. Vis de pression.
B. Mors garnis d'amadou.
C. Ressort.

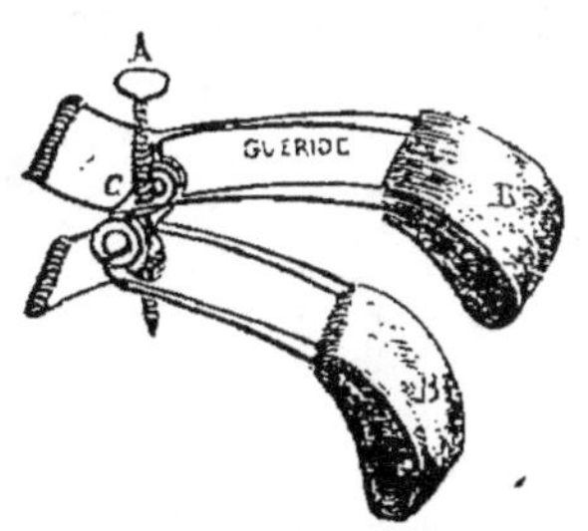

FIG. 1 bis. — *Pince de Marcellin-Duval.*

A. Vis de pression.
BB. Mors garnis d'amadou.
C. Ressort.

légères, faciles à appliquer, à serrer ou à enlever sans causer de douleur au malade. Elles ont été fréquemment employées avec succès pour réunir certaines plaies, en particulier pour affronter exactement les lambeaux après les amputations, et pour remédier à certaines hémorrhagies rebelles, lorsque la ligature était impraticable ou lorsque d'autres moyens avaient échoué (hémorrhagies de la paume de la main, du cou, de la langue,

(1) Malgaigne, *Man de méd. opérat.*

10 DE LA FORCIPRESSURE.

des amygdales, de la verge, etc...) (1). Grâce à leur élasticité, ces pinces nous semblent supérieures à celle qui fut imaginée par Hatin et par M. Hervez de Chégoin pour combattre les hémorrhagies qui succèdent quelquefois à l'excision des amygdales.

M. Duval n'avait pas encore fait connaître ses appareils quand Vidal de Cassis inventa le petit instrument connu sous le nom de *serres-fines*, et qui n'est autre chose qu'une petite pince à pression continue. Imaginées pour remplacer les sutures, après l'opération du phimosis, les serres-fines ne servent guère encore aujourd'hui qu'à cet usage. Vidal en recommanda cependant à diverses reprises l'emploi comme instrument hémostatique, soit pour comprimer une artère impossible à lier, soit pour remplacer les doigts des aides dans les opérations, et c'est pour répondre à ce besoin qu'il en modifia la construction et fit aplatir leurs mors en les élargissant.

Depuis, les serres-fines ont été encore perfectionnées et sont

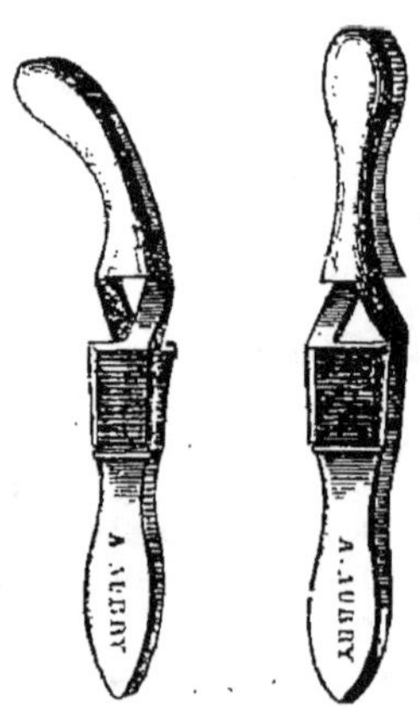

Fig. 2. — *Serres-fortes droites et courbes.*

restées dans la pratique de quelques chirurgiens sous les noms de *serres-plates*, *serres-fortes*, etc... (fig. 2) comme moyen hémostatique provisoire (voy. page 2).

(1) Consulter à ce sujet : Marcellin-Duval, *Traité de l'hémostasie*, p. 21. — Bouchardat, *Annuaire de thérapeutique*, 1858. — Deschamps, th. de Paris, 1873.

C'est ici que devrait naturellement se trouver la description de la *forcipressure* telle qu'elle est pratiquée aujourd'hui. Nous la renvoyons cependant au chapitre suivant, afin de pouvoir dire encore un mot de quelques procédés d'hémostase trop connus pour pouvoir être passés sous silence.

Nous ne parlerons pas de l'*acupuncture* (Velpeau) et de l'*électro-puncture* (Pravaz), qui n'ont été préconisées que pour la cure des anévrysmes, des varices, et celle des épanchements de sang dans les tissus (Voillemier).

Il n'en est pas de même de l'*acupressure*, imaginée simultanément par le professeur Rizzoli (de Bologne) et Simpson (d'Édimbourg). M. Rizzoli ne vit, il est vrai, dans cette invention, qu'un moyen de guérir les anévrysmes ; M. Simpson, au contraire, qui a attaché son nom à ce procédé, en fit une méthode générale d'hémostase destinée à remplacer la ligature des vaisseaux après les opérations chirurgicales. L'acupressure s'exécute, comme on le sait, au moyen d'aiguilles qu'on passe de la peau vers les parties profondes sous les vaisseaux à comprimer, et qu'on ramène ensuite des parties profondes vers la peau. Suivant l'heureuse comparaison de Simpson, on comprime de cette façon les vaisseaux de la manière employée pour attacher une fleur sur une étoffe avec une épingle (1).

Ce procédé très-ingénieux a, comme la forcipressure, l'avantage de permettre, quand on le désire, la réunion immédiate des plaies et de mettre à l'abri des accidents qui résultent souvent du séjour des fils au milieu des tissus. La présence des aiguilles dans les chairs est inoffensive comme celle des pinces, mais elles ont l'inconvénient de ne pouvoir être, comme celles-ci, appliquées à toutes les opérations, et d'exiger dans leur maniement une plus grande habileté. Du reste, en admettant que l'acupressure donne de meilleurs résultats que la ligature, elle est infiniment plus

______

(1) *Nouv. dict. de méd. et de chir. prat.*, art. ACUPRESSURE.

compliquée, moins facile à exécuter et plus douloureuse. C'est probablement pour ces raisons que, malgré le nom illustre de son inventeur, ce nouveau procédé n'est pas encore entré dans la pratique chirurgicale.

Quant à l'*uncipressure*, de M. le professeur Vanzetti (de Padoue), elle n'est qu'une forme ou qu'un mode spécial d'acupressure. Elle consiste, en effet, à tenir écartés les bords d'une plaie qui saigne avec deux crochets portés dans le fond de cette plaie et maintenus immobiles dans cette position jusqu'à la cessation complète de l'hémorrhagie. Ce mode d'hémostase repose, comme on le voit, sur le même principe que l'acupressure, et présente encore de bien plus grandes difficultés pratiques (1). Il n'a, du reste, été imaginé que pour combattre certaines hémorrhagies accidentelles, et, à ce titre, ne rentre qu'indirectement dans le cadre de ce travail.

Il nous resterait, pour compléter cette courte revue, à parler de la *ligature* qui occupe aujourd'hui la première place dans la longue série des hémostatiques. Mais ce procédé d'hémostase est trop bien connu, les discussions auxquelles il a donné lieu ont eu trop de retentissement pour qu'il soit nécessaire d'y insister ici. Les livres classiques abondent en détails sur les différentes espèces de ligatures (médiate, immédiate, temporaire, d'attente, permanente), sur la manière de les pratiquer, sur la nature et la forme des fils à employer, sur le mécanisme de l'oblitération du vaisseau, etc... Nous y renverrons donc le lecteur ainsi qu'aux ouvrages spéciaux qui ont été écrits sur ce sujet (2).

Après avoir été difficilement acceptée, la ligature a fini par triompher de tous ses adversaires et jouit actuellement de la

---

(1) Voyez à ce sujet les *Comptes rendus de la Société de chirurgie* (*Gaz. des hôpit*, novembre, 1874).

(2) Voyez Manec, *Tr. de la lig. des art.*, 1832. — Lisfranc, *De diverses méthodes d'oblitérat. des art.*, th. de concours, Paris, 1834. — Courtin, *De la lig. des art.*, th. de Paris, 1848. — Cocteau, *Altération des art. à la suite de la lig.*, th. de Paris, 1867. — Farabœuf, *Traité des ligatures*. Paris, 1872.

faveur de presque tous les chirurgiens. Vidal de Cassis a même prétendu que rien ne pourrait jamais la remplacer ; sans vouloir préjuger cette question, nous croyons pouvoir dire que la ligature trouvera toujours dans la forcipressure un auxiliaire important, souvent même une heureuse rivale.

La ligature, en effet, de l'aveu de tous les chirurgiens, a le grand inconvénient de laisser dans la plaie un corps étranger qui devient une cause d'inflammation et de suppuration. Souvent elle est impraticable, soit parce que le vaisseau à lier est situé à une profondeur qui rend impossible la manœuvre nécessaire pour l'exécuter méthodiquement, soit parce que l'orifice vasculaire est rétracté au milieu de tissus denses et lardacés, ou bien, au contraire, enflammés et suppurés. Dans d'autres cas, le vaisseau peut bien être saisi avec la pince, mais il ne résiste pas et se laisse couper par le fil ou par l'instrument, ses parois ayant subi la dégénérescence athéromateuse ou calcaire.

Si de la ligature des artères nous passons à celle des veines, nous voyons cette pratique suivie d'accidents tellement graves qu'elle est à juste titre combattue par la plupart des chirurgiens et regardée même par quelques-uns comme une des plus dangereuses opérations de la chirurgie (1). Nous citerons à l'appui de cette opinion deux faits observés par M. Péan au commencement de sa carrière chirurgicale, et qui n'ont pas peu contribué à lui faire rejeter le plus possible l'emploi des ligatures. Le premier se passa à l'hôpital Saint-Louis, en 1855, alors que M. Péan était interne dans le service de M. Denonvilliers. Cet habile chirurgien eut la douleur de voir se déclarer une phlébite suppurée de la veine fémorale, chez un malade amputé de la cuisse depuis un mois dont la plaie était presque cicatrisée. C'est au moment où le malade allait se lever que survinrent les accidents de pyohémie (il n'y en avait pas dans la salle).

Même accident arriva à M. Péan, en 1860, chez un malade

(1) Chassaignac, *Tr. clin. et prat. des opér. chirurg*, t. I.

qu'il amputa de la cuisse avec les docteurs René Marjolin et Roussin à Montreuil. Les premiers accidents se déclarèrent un mois après l'amputation, et eurent pour point de départ une ligature métallique. Il est vrai que le malade était très-variqueux; et que, pour cette raison, M. Péan avait mis le moins possible de ligatures. Il eût fallu les supprimer toutes.

Ces accidents, ajoutés à tous les inconvénients que nous avons énumérés, ont déterminé ce chirurgien à remplacer, dans la plupart des cas, la ligature par d'autres moyens d'hémostase aussi fidèles et moins dangereux. Ce n'est cependant que peu à peu et après plusieurs modifications apportées au manuel opératoire que M. Péan a réalisé la méthode d'hémostase qu'il emploie aujourd'hui, et que nous allons maintenant faire connaître.

CHAPITRE II

DE LA FORCIPRESSURE

Au début de sa carrière chirurgicale, M. Péan, imitant la conduite de Nélaton et Maisonneuve, appliquait pendant ses opérations des pinces sur tous les vaisseaux qu'il divisait et laissait ces pinces appendues à la surface de la plaie jusqu'à la fin de l'opération. Mais comme la pince à verrou généralement employée était trop lourde et difficile à manier, M. Péan aimait mieux se servir des pinces à anneaux et à arrêt que l'on trouve dans toutes les trousses et que l'on peut appliquer avec plus de rapidité et de précision.

La compression exercée par ces pinces, pendant qu'il terminait l'opération, suffisait en général à déterminer l'oblitération des petits vaisseaux. Si toutefois l'un d'eux venait à saigner, il le soumettait à la torsion faite méthodiquement suivant les principes classiques. Mais quand des vaisseaux de premier ordre étaient intéressés comme l'artère humérale, l'artère et la veine fémorales, M. Péan ne se bornait plus à la simple compression par les pinces, ni même à la torsion, il avait recours aux ligatures. Se fondant sur l'innocuité du séjour des balles dans les tissus et sur le peu d'irritation exercée en général par les liens métalliques (1), M. Péan préférait aux ligatures de fil ordinaire celles de fil de fer ou d'argent. Il les coupait au ras du nœud et les abandonnait au fond des plaies pour favoriser la réunion et éviter toute traction dans les pansements ultérieurs (2).

Pendant quelque temps M. Péan employa, en même temps que les pinces de Charrière qui dans beaucoup de cas sont trop lourdes et trop fortes pour les tissus à comprimer, les petites pinces *serres-fortes* (fig. 2) à mors plats, droites ou courbes, construites sur le principe des serres-fines de Vidal de Cassis. Celles-ci étaient particulièrement destinées aux opérations de gastrotomie qui exigent souvent, comme on le sait, un grand nombre de ces instruments pour prévenir l'écoulement du sang. Mais à cause de leurs petites dimensions, et de leur forme, les serres-fortes étaient moins faciles à appliquer et plus difficiles à maintenir, pendant le cours de l'opération. Quand on opérait sur des cavités profondes et anfractueuses il n'était pas toujours possible de s'en servir, et dans ces cas il était même nécessaire d'attacher un fil à leur extrémité pour les empêcher de s'égarer dans la profondeur des plaies.

Ces divers inconvénients déterminèrent M. Péan à renoncer à leur emploi, même dans la gastrotomie, et à se servir exclusivement d'un modèle spécial de pinces à anneaux et à arrêt qu'il fit construire en 1868 par M. Guéride.

Ces pinces rappellent par leur forme et leurs dimensions la pince de Charrière, mais elles en diffèrent par la légèreté et l'élasticité de leurs branches et par la disposition de leurs mors. Ceux-ci sont petits, étroits avec une légère entaille à leur centre. Enfin l'arrêt de ces pinces est constitué par une crémaillère placée un peu au-

(1) Vidal dit *qu'aucun lien ne peut être comparé au fil d'argent pour limiter l'action vitale suscitée par une ligature quelconque* (Tr. de path. ext., t. I).

(2) Levert a prouvé que les ligatures métalliques coupées très-près du nœud, peuvent être abandonnées au fond d'une plaie, et là s'entourer d'un kyste celluleux, sans nuire à la cicatrisation (*Journal des progrès*, 1829, t. XVII).

dessus des anneaux qui permet de les fermer et de les ouvrir beaucoup plus facilement qu'avec les autres systèmes. La figure que nous donnons ici suffira du reste à en faire comprendre le mécanisme (fig. 3, [1]).

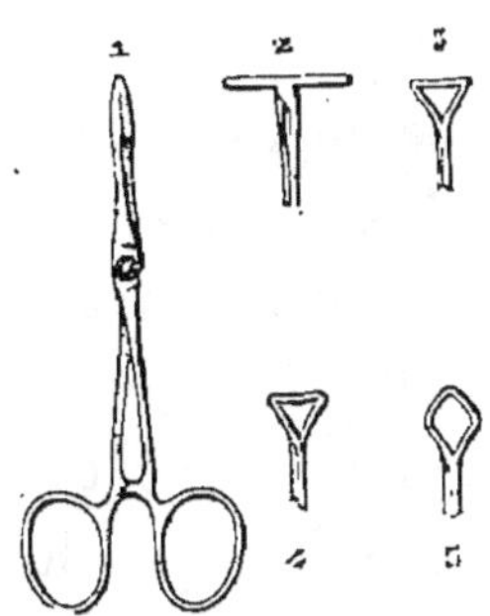

FIG. 3. — *Pinces hémostatiques de M. Péan*

1. Pince hémostatique ordinaire.
2.   —   —   en T.
3 et 4. —   —   triangulaire.
5.   —   —   losangique.

M. Aubry a apporté dernièrement une petite modification à ces pinces en disposant un peu au-dessus de la crémaillère une sorte de contre-croisure qui fait qu'en fermant l'instrument ses deux branches se superposent exactement sans que la supérieure puisse jamais passer sous l'inférieure (fig. 4).

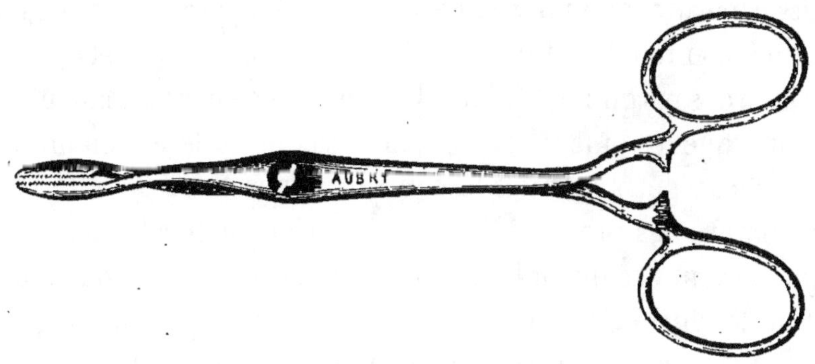

FIG. 4. — *Pince hémostatique*, modifiée par M. Aubry.

Grâce à leur légèreté, ces pinces peuvent être laissées plusieurs heures et même plusieurs jours dans les plaies, sans exercer de tiraillements sur les tissus, ni causer de douleurs au malade. La

2

simplicité de leur mode d'arrêt fait qu'on peut en appliquer rapidement un très-grand nombre, tandis que leur forme permet de faire cette application avec une grande précision.

On trouvera représentées ici (fig. 3, ², ³, ⁴, ⁵) plusieurs autres pinces imaginées également par M. Péan. Bien que de formes et de dimensions variables, elles reposent toutes sur le même principe et sont exclusivement destinées à quelques opérations spéciales à propos desquelles nous reviendrons sur leurs avantages.

Les pinces, petit modèle (fig. 3, ⁴), que nous venons de décrire sont celles dont on se sert journellement à l'hôpital St-Louis, soit dans le service de M. Péan, soit dans celui de M. Cruveilhier qui en a également adopté l'usage.

Pour les appliquer, on passe le pouce et le médius de la main droite dans les anneaux, l'index servant d'appui au reste de l'instrument, et l'on saisit avec les mors l'extrémité du vaisseau qui donne du sang sans crainte d'y comprendre, lorsque le vaisseau est de petit calibre, quelques fibres du tissu qui l'entoure, car cette compression n'étant que temporaire ne donne jamais lieu aux accidents qu'entraînent habituellement les ligatures médiates. On place ainsi de nouvelles pinces au fur et à mesure que la section des tissus porte sur de nouveaux vaisseaux. L'opérateur peut saisir de cette façon tous les rameaux artériels ou veineux, quel que soit leur calibre, sans qu'il ait jamais besoin de recourir au ténaculum. A mesure que les pinces sont appliquées, un aide les maintient, afin qu'elles n'entravent pas le cours de l'opération.

Le nombre des pinces à employer variera naturellement avec chaque région, et suivant l'importance des opérations. Pour toutes celles de la chirurgie courante douze à quinze suffiront habituellement. Pour enlever au contraire des tumeurs très-volumineuses, comme certaines productions lipomateuses, cancéreuses, éléphantiasiques, de même que pour la gastrotomie, il en faudra un plus grand nombre et de différents modèles. Nous y reviendrons lorsque nous parlerons de ces opérations.

Pour faire avec ces pinces de l'hémostase définitive, et se mettre sûrement à l'abri des hémorrhagies, il est indispensable d'établir pendant combien de temps les pinces doivent rester en place. Cette question, en effet, domine toute la forcipressure, et mérite la plus sérieuse attention. Comme on ne peut établir de règles absolues à cet égard, puisque le sang n'a pas toujours la même plasticité, et que la lymphe n'est pas toujours sécrétée au même moment, nous nous bornerons à faire connaître la conduite que nous avons tenue dans les cas nombreux qu'il nous a été donné d'observer.

Les pinces qui avaient été appliquées sur les artérioles de la peau, du tissu cellulo-adipeux et des muscles étaient ordinairement enlevées immédiatement après l'opération, surtout si la région permettait d'appliquer un pansement légèrement compressif. Aussi, après un assez grand nombre d'opérations, avons-nous pu, au moment de faire la suture, enlever toutes ou presque toutes les pinces successivement appliquées sans que l'hémorrhagie reparût ultérieurement. Les pinces placées sur les artères de moyen calibre étaient retirées de six à douze heures après l'opération. On peut même attendre jusqu'au lendemain matin sans inconvénient. Enfin, sur les artères principales des membres, y compris la fémorale, M. Péan conseille de les laisser de deux à quatre jours, tout en surveillant la plaie. On comprend du reste facilement qu'il y a une foule d'autres considérations que celle du calibre de l'artère, qui doivent entrer en ligne de compte, et influer sur la décision du chirurgien.

La compression des veines, pendant l'opération seulement, suffira en général à tarir l'écoulement du sang; sur les grosses veines, les pinces devront cependant rester en place quelque temps, ordinairement une fois moins longtemps que sur les artères de même calibre.

Pendant le cours de la dernière année, nous avons assisté, à l'hôpital Saint-Louis, à plus de 150 opérations où ce procédé d'hémostase a été employé. Sur ce nombre considérable de faits, il ne nous reste le souvenir que d'un seul cas d'hémorrhagie due à l'enlèvement prématuré d'une pince après une ablation de sein. Cette hémorrhagie survint quelques heures après l'opération, fut facilement arrêtée au moyen d'une pince qu'on retira le lendemain matin, et ne se renouvela plus. Dans les autres cas, où les pinces ont été laissées à demeure pendant le temps indiqué, nous n'avons jamais vu survenir d'hémorrhagie primitive ni secondaire.

Les pinces laissées ainsi dans les plaies sont facilement maintenues au milieu des pièces de pansement, de façon à ne pas tirailler les tissus.

La plupart du temps, elles ne causent aucune gêne aux malades, qui ne s'aperçoivent de leur présence que lorsque le moment de les retirer est venu. Pour cela, il suffit de rapprocher légèrement les anneaux, de façon à dégager les crans de la crémaillère, et elles se détachent ensuite presque d'elles-mêmes. Pour faciliter cette opération on peut, au préalable, humecter un peu la plaie. On enlève ainsi les pinces une à une avec précaution ; on s'assure qu'aucun des points qu'elles comprimaient ne fournit du sang, et le pansement est fait comme d'habitude.

On pourrait craindre que le séjour de ces pinces dans les plaies ne causât des accidents, cependant, nous les avons vu appliquer sans le moindre inconvénient sur les tissus et les organes les plus prompts à s'enflammer, comme l'utérus gravide, la vessie, la couche de tissu cellulaire qui tapisse la face externe du péritoine, etc. (1).

(1) M. Verneuil, qui les a laissées appliquées beaucoup plus longtemps que ne le fait M. Péan, n'a observé qu'une fois des accidents inflammatoires locaux, qu'il n'hésite pas du reste à mettre sur le compte, non de la forcipressure, mais des longues manœuvres que nécessita la recherche des bouts du vaisseau qu'on avait d'abord tenté de lier. S'il peut y avoir du danger à enlever les pinces prématurément, il ne paraît pas, jusqu'à présent, y en avoir à les laisser trop longtemps, puisque M. Verneuil a pu, sans inconvénient, les laisser se détacher et tomber d'elles-mêmes. (Voy. *Bull. et Mém. de la Soc. de chirurgie*, t. I, s. 1.)

Grâce à sa légèreté, à son élasticité et à la simplicité de son mode d'arrêt, la pince qu'a fait construire M. Péan présente de nombreux avantages sur la pince à verrou. Comme celle-ci, du reste, elle peut servir à jeter des ligatures sur les vaisseaux, ou à en pratiquer la torsion. Elle dispense, en outre, de l'emploi du ténaculum, en permettant de saisir les moindres artérioles, et remplace encore avantageusement la pince à pansement pour tous les usages auxquels celle-ci est destinée. Enfin, dans un grand nombre d'opérations, on pourra, grâce à elle, suppléer à l'absence ou à l'insuffisance des écarteurs.

Pour faire de la forcipressure, c'est-à-dire pour comprimer les vaisseaux d'une façon passagère ou définitive, ces pinces sont bien supérieures aux pinces à verrou, qui, dépourvues d'élasticité, écrasent trop violemment les tuniques artérielles, et aux pinces à anneaux de Charrière, que leurs mors et leur mode d'arrêt rendent impropres à un tel usage.

Les pinces hémostatiques aplatissent simplement l'artère, en exerçant sur elle une certaine constriction qui maintient ses parois en contact d'une façon égale et soutenue, jusqu'à ce que l'oblitération de son canal ait eu lieu.

Ce procédé d'hémostase inspire aujourd'hui à M. Péan une confiance assez grande pour qu'il ne craigne pas d'y avoir recours de préférence à la torsion et à la ligature, même lorsque de très-gros vaisseaux ont été intéressés, ainsi que nous en rapporterons plus loin un exemple.

Sans vouloir nous étendre plus longuement sur les avantages de la forcipressure qui ressortiront tout naturellement des observations qu'on lira plus loin, nous pouvons dire dès maintenant qu'en réduisant l'hémostase au premier temps de la ligature, elle diminue beaucoup la durée des opérations. D'autre part, en ne laissant dans la plaie aucun corps étranger, elle active sa cicatrisation, et permet, quand on la désire, la réunion par première intention. Enfin, dans tous les cas dont nous avons déjà parlé, et où, pour divers motifs, la ligature est impraticable, cette méthode remplacera avantageusement la plupart des autres moyens préconisés en pareil cas, tels que la compression digitale, le tamponnement, les styptiques, la cautérisation et 'les instruments spéciaux, tels que la pince de Colombat, de Lacauchie, du docteur Cintrat, qui portent et serrent la ligature dans la plaie en même temps qu'elles saisissent l'artère. Ces quelques considérations suffisent à montrer que la forcipressure mérite d'occuper dès aujourd'hui une place importante parmi les procédés d'hémostase les plus justement en honneur.

Nous allons rapporter, à l'appui de cette opinion, les applications principales de cette méthode à l'hémostasie chirurgicale, préventive, temporaire et définitive.

CHAPITRE III

DE LA FORCIPRESSURE AVANT LES OPÉRATIONS COMME MOYEN D'HÉMOSTASIE PRÉVENTIVE

Hémostatiques préventifs : ligature préalable, compression avec les doigts ou des instruments spéciaux. — Compression élastique. — Méthode d'Esmarch. — Pinces hémostatiques. — Observations : Excision de la luette. Polype de l'utérus. Hypertrophie avec allongement de la lèvre antérieure du col. — Tumeur épithéliale de la joue. — Tumeur érectile sous-cutanée du front. — Tumeur érectile de la langue. — Autre tumeur de la langue. — Pinces hémostatiques spéciales pour les lèvres, les joues, etc..... — Tumeur érectile volumineuse de la lèvre inférieure et de la *joue traitée par les injections*, après hémostasie préalable au moyen de ces pinces.

L'hémostasie préventive, comme son nom l'indique, est celle qui a pour but de prévenir l'arrivée du sang dans les parties qui doivent être intéressées par le couteau du chirurgien. Le plus sûr moyen de suspendre la circulation dans une région est certainement de jeter au préalable une ligature sur le vaisseau principal de cette région; mais si l'on évite ainsi certaines difficultés opératoires, on se crée pour ainsi dire de nouveaux dangers en pratiquant deux opérations au lieu d'une. Aussi ce moyen est-il réservé aujourd'hui presque exclusivement pour certaines opérations très-graves de la face, et pour l'extirpation des tumeurs qui s'engagent profondément dans la loge parotidienne. Dans les autres cas où la suspension du cours du sang doit être obtenue, on a généralement recours à la simple compression faite au moyen des doigts ou d'instruments spéciaux tels que le garrot, le tourniquet de J.-L. Petit, le compresseur de Dupuytren, etc.....

Depuis bientôt deux ans, les chirurgiens ont renoncé à ces instruments qui sont avantageusement remplacés par la compression élastique, selon la méthode d'Esmarch. Mais cette compression n'est applicable qu'aux opérations qui se pratiquent sur les membres : celles qui portent sur d'autres parties du corps doivent être exécutées la plupart du temps sans hémostasie préventive.

C'est pour combler en partie cette lacune que, dans ces dernières années, M. Péan a imaginé de faire servir à l'hémostasie préventive les pinces dont il se servait journellement pour faire de l'hémostasie définitive.

Dans ce but, ce chirurgien place une ou plusieurs pinces non plus sur les vaisseaux, mais sur les tissus sains, autour du point où doit porter le bistouri. Ces instruments compriment mieux que les doigts des aides et gênent moins la manœuvre opératoire. Mais pour que ce procédé soit applicable, il faut que l'opération porte sur une région ou sur une tumeur assez faciles à circonscrire. Il en est ainsi des tumeurs pédiculées ou faciles à pédiculiser, quel que soit leur siége, et en particulier de toutes les productions polypeuses dont l'extirpation peut être rendue difficile ou dangereuse à cause de leur grande vascularité. Il suffit pour cela de placer à la base du pédicule une ou plusieurs pinces, et de pratiquer l'excision au-dessous de leurs mors. C'est ainsi qu'on agira pour pratiquer l'ablation des hémorrhoïdes, des polypes de l'utérus, du rectum, etc...

Si, au contraire, on a affaire à de petites tumeurs sessiles dont la dissection demande à être faite minutieusement, et dont on redoute la vascularité, on les circonscrira entre les mors de plusieurs pinces beaucoup plus facilement qu'avec les doigts des aides. Ce procédé sera surtout avantageux pour l'extirpation d'un certain nombre de tumeurs érectiles et pour l'excision des végétations. Il rendra encore d'importants services dans l'ablation des cancroïdes des lèvres, des tumeurs gingivales de nature fongueuse, érectile ou épithéliale, des cancers de la langue, et dans les opérations du bec-de-lièvre, du phimosis, etc... Si, après l'opération, on craignait que l'enlèvement des pinces ne fût suivi d'hémorrhagie, on pourrait les laisser en place jusqu'à ce qu'elles eussent déterminé l'oblitération définitive des vaisseaux, ou saisir directement avec de nouvelles pinces les points qui continueraient à saigner.

Quel que soit le procédé auquel on donne la préférence, on réalise ainsi les bénéfices de l'hémostasie préventive et de l'hémostasie définitive sans être obligé de recourir à l'emploi toujours redoutable des caustiques.

La conduite à tenir varie du reste avec chaque opération, et c'est à ce titre que nous allons maintenant rapporter quelques observations destinées à montrer les avantages de ce procédé.

OBSERVATION PREMIÈRE

Hypertrophie de la luette. — Excision au-dessous des mors d'une pince hémostatique laissée une heure en place.

Le 12 octobre 1872, un jeune enfant est amené à l'hôpital Saint-Antoine, avec une luette considérablement hypertrophiée, qui détermin des efforts d'expuition, de la toux et des envies de vomir. Pour se mettre à l'abri de l'hémorrhagie qui accompagne parfois l'excision de cet organe, M. Péan comprime la base de la luette avec une petite pince hémostatique ordinaire, placée transversalement, qu'il fait maintenir par un aide, puis saisissant l'extrémité de l'organe avec une petite pince à dents acérées, l'excise avec des ciseaux courbes au-dessous des mors de la pince hémostatique. Celle-ci fut retirée au bout d'une heure.

OBSERVATION II

Polype de l'utérus. — Excision. — Compression du pédicule avec les mors d'une pince hémostatique.

D... Louise, quarante-neuf ans, entrée à l'hôpital Saint-Louis le 27 novembre 1874. Salle Sainte-Marthe, n° 74.

Cette malade, qui a cessé de voir ses règles depuis quatre ans, se plaint de pertes sanguines qui reviennent irrégulièrement tous les trois ou quatre mois et durent chaque fois plusieurs jours. Dans l'intervalle elle perd en blanc. Elle mange bien, n'a pas maigri et ne souffre pas.

Par le toucher vaginal on trouve le col dirigé en arrière, difficile à contourner; l'orifice paraît grand comme une pièce de cinquante centimes, et obstrué par une masse charnue dure, non saignante et légèrement mobile. L'examen au spéculum ayant confirmé le diagnostic de polype, la malade fut opérée le 4 décembre 1874. Pour cela, M. Péan ayant attiré la tumeur dans le vagin avec une pince de Museux, et l'ayant suffisamment abaissée, saisit son pédicule aussi loin que possible avec une pince hémo-

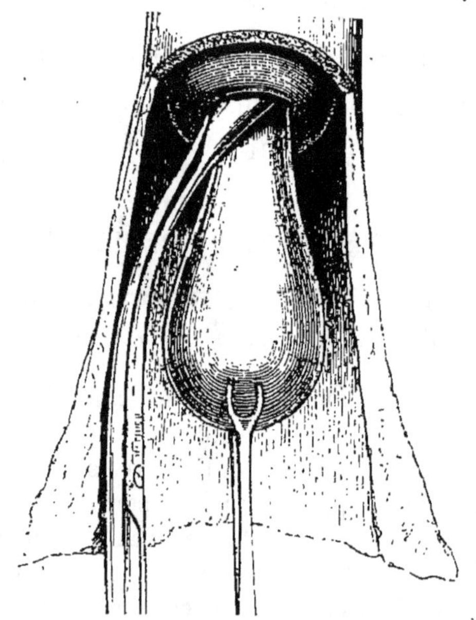

Fig. 5. — *Polype utérin* attiré dans le vagin avec une pince de Museux et dont le pédicule est comprimé à sa racine au moyen d'une longue pince hémostatique.

statique à longues branches (modèle Mathieu) et l'excise immédiatement au-dessous des mors avec une paire de ciseaux courbes (fig. 5). La pince fut laissée en place par prudence jusqu'au lendemain matin sans que la malade en ait souffert. Huit jours après, elle sortait complétement rétablie. L'extrémité supérieure du pédicule mortifiée s'était détachée d'elle-même au bout de trois jours.

OBSERVATION III

Hypertrophie avec allongement de la lèvre antérieure du col de l'utérus.
Excision.

D..., trente-six ans, entre à l'hôpital Saint-Louis, salle Sainte-Marthe, n° 68, le 22 août 1874.

Cette femme présente dans la cavité vaginale une production charnue, mobile, indolore, membraniforme, ressemblant beaucoup à un polype, mais ne présentant aucun point rétréci et se continuant manifestement avec la lèvre antérieure du col utérin qui est parfaitement sain.

Cette malade désirant être débarrassée de cet appendice qui la gêne beaucoup, M. Péan place sur l'un des côtés de la partie hypertrophiée une pince ordinaire qui lui sert à attirer la tumeur, applique une autre pince hémostatique transversalement sur l'autre côté pour empêcher l'abord du sang et coupe au ras des mors avec le bistouri toute la partie proéminente. Enlevée au bout de quelques minutes, cette pince est remplacée par deux éponges destinées à s'opposer à l'écoulement du sang dans le cas où celui-ci reparaîtrait. Quelques injections détersives furent faites les jours suivants et la malade put quitter l'hôpital dix jours après l'opération.

OBSERVATION IV

Tumeur épithéliale de la joue, circonscrite au moyen de deux pinces avant son ablation.

M..., soixante-dix-huit ans, présente à la joue gauche, à peu près au niveau de l'os malaire, une tumeur verruqueuse, ulcérée, un peu plus grande qu'une pièce de 50 centimes, douloureuse et augmentant de volume, surtout depuis six mois (juin 1874).

La base de cette tumeur est saisie entre les mors de deux pinces placées l'une obliquement en haut et en arrière, l'autre en bas et en avant, ce qui permet d'en faire minutieusement la dissection sans perdre une goutte de sang. Les pinces furent enlevées immédiatement et la petite plaie réunie par un point de suture.

OBSERVATION V

Tumeur érectile de la région intersourcilière. — Extirpation.

Juliette M..., âgée de sept mois et demi, a, depuis sa naissance, au niveau de la racine du nez, une tumeur aplatie de la grandeur d'une

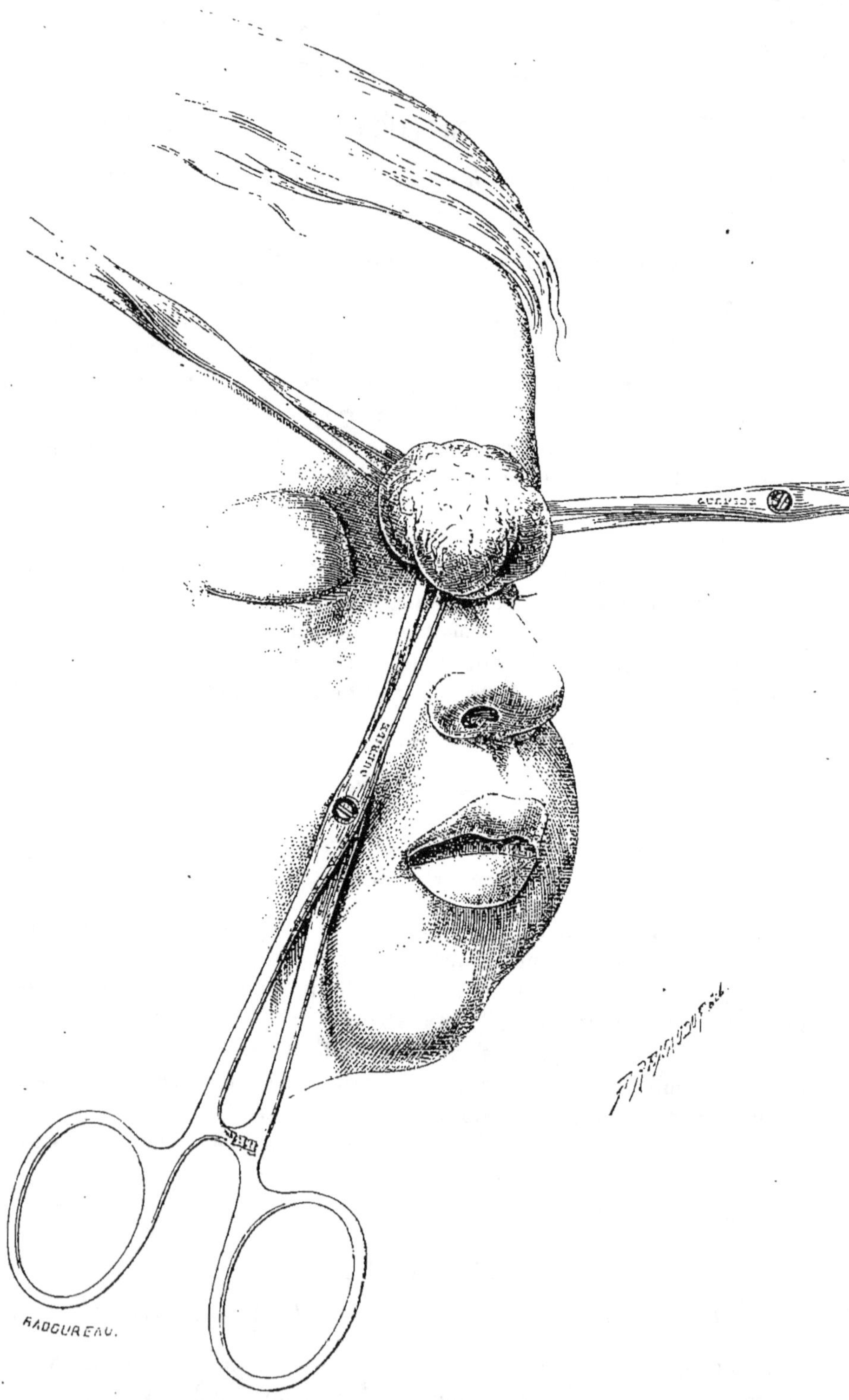

FIG. 6. — *Tumeur érectile de la région intersourcilière*, comprimée par les mors de trois pinces pour empêcher l'afflux du sang.

pièce de 2 francs, à bords légèrement saillants et présentant tous les caractères des tumeurs érectiles sous-cutanées. Elle est molle, élastique, dépressible et augmente de volume quand l'enfant pousse des cris. Elle n'est pas pulsatile. La peau est saine. Comme cette tumeur a déjà été traitée sans succès par les injections de perchlorure de fer, la compression et la ligature, M. Péan se décide à l'extirper (février 1874), et, pour éviter l'hémorrhagie, saisit avec trois pinces hémostatiques ordinaires les angles de la tumeur, de manière à la circonscrire à peu près complétement, ainsi que le montre la figure (fig. 6).

L'opérateur fait alors une incision semi-circulaire de la peau à la partie inférieure de la tumeur et dissèque celle-ci avec beaucoup de soin sans être gêné par l'écoulement du sang. Les pinces ne furent retirées qu'au bout de quatre heures ; il n'y eut pas d'hémorrhagie et la réunion se fit presque entièrement par première intention.

OBSERVATION VI

Tumeur érectile de la langue.

G... Marie, vingt et un ans, fleuriste, entre le 21 décembre 1874 à l'hôpital Saint-Louis, salle Sainte-Marthe, nᵒ 75.

Réglée à treize ans et demi, voit très-irrégulièrement.

La malade raconte que, depuis sa naissance, elle portait une tache rouge occupant toute la partie antérieure de la moitié latérale gauche de la langue. Cette tache devenait plus rouge de temps en temps, ne faisait aucune saillie, n'était pas animée de battements et ne causait ni gêne, ni douleur.

Depuis l'âge de cinq ou six ans, cette tache donnait lieu tous les ans, au printemps, à un léger suintement sanguin, mais la malade n'a pas remarqué qu'elle augmentât d'étendue.

Au mois de juillet dernier, la malade eut par la bouche, sans cause occasionnelle appréciable, une véritable hémorrhagie qui se répéta pendant cinq à six jours consécutivement et dura près d'une heure pendant les trois premiers jours.

Le 13 décembre 1874, nouvelle hémorrhagie, qui débuta comme la précédente, pendant que la malade mangeait et dura environ une demi-heure.

Pendant les huit jours suivants, il y eut encore un écoulement de sang très-rouge, à deux ou trois reprises différentes chaque jour. C'est alors qu'un médecin consulté pour la première fois fit appliquer du perchlorure de fer. Les hémorrhagies précédentes n'avaient pas coïncidé avec une absence ou une diminution des règles.

Entre les mois de juillet et de décembre, la malade dit que les dimensions de la tache ont augmenté. Le 21 décembre elle entre à l'hôpital tellement affaiblie par les pertes de sang qu'elle ne peut marcher, et peut à peine parler.

On constate alors une tuméfaction notable de la moitié latérale gauche de la langue qui est recouverte de croûtes noirâtres formées par le perchlorure de fer.

Le 24 décembre, la langue étant à peu près nettoyée, on remarque, dans une étendue de 2 centimètres environ auprès du bord libre et à

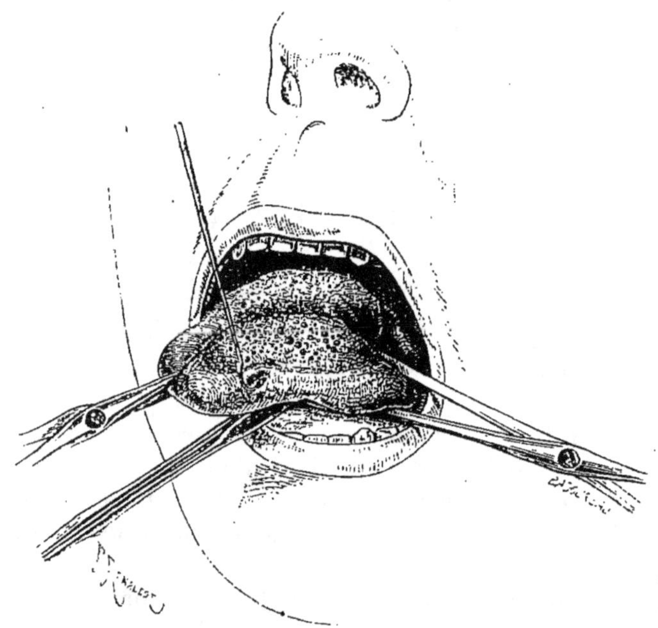

Fig. 7. — *Tumeur érectile de la langue* circonscrite entre les mors de trois pinces hémostatiques avant d'en faire l'extirpation.

gauche, une tumeur constituée par des papilles irritées et hypertrophiées, et en arrière de celle-ci, une autre saillie du volume d'un haricot, assez rénitente. et qui est le siége de battements isochrones à ceux du pouls, comme on peut facilement le constater en saisissant avec deux doigts cette saillie de haut en bas ou de dedans en dehors. Le reste de la langue ne présente rien de particulier. Pas de nouvelle hémorrhagie depuis l'entrée de la malade. On ne diminue pas sensiblement cette tumeur en comprimant la langue au delà de son siége.

Cette malade fut opérée le 9 janvier 1875 de la manière suivante :

Deux éponges portées sur deux pinces à arrêt sont préalablement placées profondément entre les joues et l'arcade dentaire, comme le fait toujours M. Péan dans ces sortes d'opérations, afin d'empêcher le sang de pénétrer dans le larynx. L'opérateur place ensuite transversalement une pince hémostatique qui saisit la langue près du bord postérieur de la tumeur; une seconde pince est placée longitudinalement sur la partie médiane de l'organe; enfin, une troisième est appliquée sur le plancher buccal (fig. 7). Ces pinces ainsi disposées empêchaient le sang d'arriver par l'orifice de section des vaisseaux, et permirent à M. Péan de disséquer facilement la tumeur avec le bistouri. Celle-ci est, en effet, enlevée dans toute son épaisseur, mais comme elle n'envahit point la totalité de l'organe, il en résulte une assez large perte de substance qui siége sur la face dorsale. On enlève, l'une après l'autre, les trois pinces à compression, et l'on place successivement de petites pinces hémostatiques, au nombre de six, sur les différentes branches artérielles qui donnent du sang, ce qui rend l'hémorrhagie insignifiante et l'opération extrêmement rapide. Au bout de vingt-quatre et de trente-six heures, toutes les pinces furent retirées, sans donner lieu à aucune perte de sang.

OBSERVATION VII

Tumeur de la langue. — Ablation avec des ciseaux après hémostasie préalable par les pinces à arrêt.

X..., dix-sept ans, salle Saint-Augustin, n° 55, porte sur la partie moyenne de la moitié droite de la langue une tumeur de la grosseur d'une petite noix, développée dans l'épaisseur de l'organe, recouverte par une muqueuse fortement congestionnée et hérissée de papilles hypertrophiées dont la pression fait immédiatement saillir de véritables jets de sang. On ne sent pas de ganglions. Le malade a subi sans succès, dans le service de M. Besnier, différents traitements internes et est envoyé à M. Péan pour être débarrassé de sa tumeur, qui après s'être accrue lentement et d'une façon intermittente pendant trois ans environ, s'est développée continuellement et plus rapidement depuis six mois. L'opération est pratiquée le 28 novembre 1874. Le malade étant chloroformisé, la langue est attirée et maintenue au dehors par une pince à griffes, puis M. Péan place une pince à hémostase longitudinalement sur la partie médiane de la langue; une seconde pince est appliquée transversalement en arrière de la tumeur; une troisième est placée sur le plancher buccal entre les deux précédentes. Ces trois pinces se rencontrent presque par l'extrémité de

leurs mors, isolant ainsi complétement la partie ou siége la tumeur.
Celle-ci est alors rapidement excisée par deux coups de ciseaux ; la plaie
ne laisse pas échapper une goutte de sang. La pince transversale étant
retirée la première, on voit un jet sanguin s'échapper de l'ouverture
béante de l'artère linguale qui est immédiatement saisie avec une petite
pince hémostatique ainsi que deux ou trois autres vaisseaux moins importants. Les deux autres pinces étant à leur tour enlevées, on place
encore sur la surface saignante deux ou trois pinces hémostatiques, puis
on retire la pince à griffes qui maintenait la langue hors de la bouche.
Les suites de l'opération furent aussi simples que possible ; le malade
présenta dans la journée un suintement séro-sanguin insignifiant. Des
sept pinces qui avaient été laissées à demeure, cinq furent enlevées le
lendemain matin, deux seulement furent laissées par prudence quatre ou
cinq heures de plus. La cicatrisation était effectuée au bout de dix-huit
jours et le malade partait guéri au bout de quatre semaines, sa sortie
ayant été retardée par une périostite alvéolo-dentaire consécutive à la
carie d'une dent.

Les avantages de cette méthode, pour l'ablation des tumeurs
de la langue, sont incontestables ; opérant avec l'instrument tranchant et sans être aveuglé par le sang, le chirurgien peut se
rendre compte, au fur et à mesure de l'opération, de l'état des
tissus qu'il divise. En supprimant complétement l'hémorrhagie
contre laquelle l'écraseur linéaire et le galvano-cautère ne garan-
tissent pas toujours, ce procédé permet en outre d'administrer le
chloroforme sans faire courir au malade les dangers particuliers
qui accompagnent l'emploi des anesthésiques dans les opérations
de cette nature.

Pour les ablations totales de la langue, M. Péan se sert
encore de pinces très-fortes, plus ou moins coudées, dont le
mors inférieur est en forme de trocart. On enfonce ce mors à la
base de l'organe, au delà de la partie qui doit être extirpée, tandis que le mors supérieur, plat et rayé, est appliqué au point correspondant de la surface. Pour comprimer la langue il faudra du
reste toujours employer des instruments plus résistants que les
petites pinces ordinaires destinées seulement à la compression
des vaisseaux.

Pour les autres régions telles que les lèvres et surtout les joues,
M. Péan a fait construire dernièrement des pinces spéciales à mors
plats, semi-lunaires et mobiles sur les branches au moyen d'un
pivot (fig. 8). Ces pinces meurtrissent moins les tissus que les

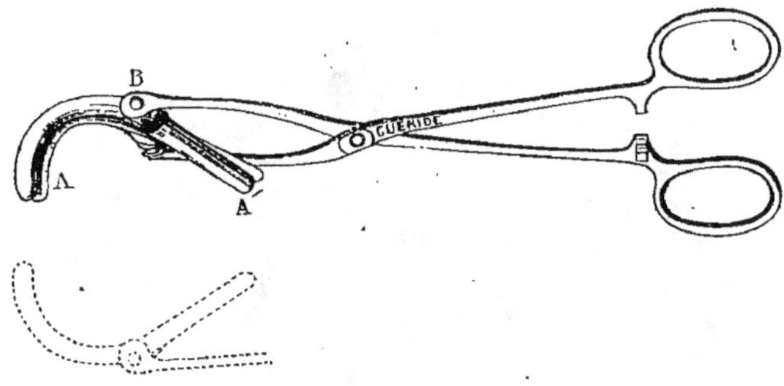

Fig. 8. — *Pince hémostatique à mors mobiles.*

pinces ordinaires et se prêtent mieux aux régions dont nous nous
occupons ici, les branches pouvant toujours être disposées de
façon à ne pas gêner, la manœuvre opératoire. L'observation
suivante montrera bien leurs avantages.

OBSERVATION VIII

*Tumeur érectile de la lèvre inférieure et de la joue gauche. — Injections
de perchlorure de fer après hémostase préalable au moyen des pinces. —
Guérison.*

Mademoiselle Fl... est atteinte depuis son enfance d'une tumeur érectile artérioso-veineuse occupant la lèvre inférieure dans sa totalité, la
face interne de la joue gauche, et la moitié antérieure de la langue et du
plancher de la bouche.

La tumeur de la lèvre était assez volumineuse pour retomber en avant
jusque sur le menton (fig. 9); la difformité et les inconvénients qui en
résultaient décidèrent la malade à venir à Paris chercher la guérison de
cette infirmité (mai 1874).

M. Péan pensa qu'à l'aide des pinces hémostatiques spéciales qu'il
venait de faire construire, il pouvait se mettre assez sûrement à l'abri

des hémorrhagies qui constituent le principal danger de cette opération et tenter la cure de cette affection.

Dans ce but, ce chirurgien circonscrivit la tumeur labiale à sa périphérie avec deux pinces hémostatiques à mors mobiles (fig. 9), l'un des

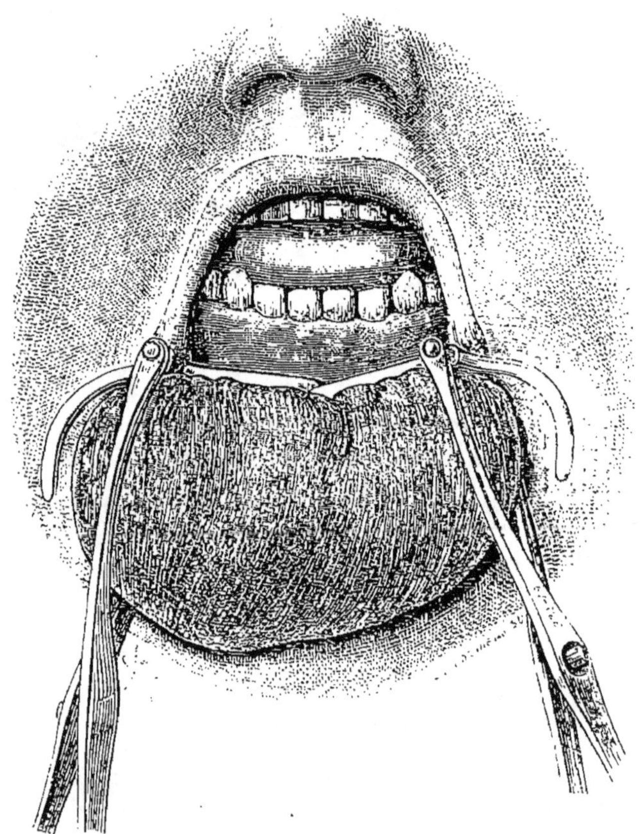

Fig. 9. — *Tumeur érectile de la lèvre inférieure*, comprimée à sa base avec deux pinces à mors mobiles destinées à empêcher l'arrivée du sang dans son intérieur.

mors étant placé à la face muqueuse et l'autre à la face cutanée de la lèvre afin d'empêcher complétement l'arrivée du sang dans la tumeur. M. Péan injecta ensuite au centre de la masse morbide sur trois points opposés quelques gouttes de perchlorure de fer à 30 degrés. Les pinces restèrent en place pendant dix à quinze minutes jusqu'à la formation des caillots chimiques qui transformèrent la tumeur en une masse dure et irréductible.

Le soir même une inflammation violente se déclara sur quelques points et particulièrement au niveau des piqûres où se formèrent de petites eschares dont on favorisa l'élimination. La suppuration s'établit et, le sang cessant d'affluer dans la tumeur, celle-ci ne tarda pas à s'atrophier et à se flétrir, de sorte qu'au bout de deux mois la lèvre avait presque complétement repris sa forme et ses dimensions normales.

La malade qui était retournée chez elle revint il y a environ trois mois se faire opérer de la masse érectile qu'elle portait à la joue gauche. Cette seconde portion de la tumeur fut traitée également avec succès par les mêmes moyens et à l'aide des mêmes instruments. Aucune hémorrhagie primitive, ni consécutive, ne survint.

M. Péan se propose d'attaquer prochainement par la même méthode la masse spongieuse qui occupe encore la langue et le plancher de la bouche.

Comme on le voit, les petites pinces hémostatiques ordinaires eussent été dans ce cas insuffisantes, et c'est grâce aux instruments perfectionnés dont il s'est servi, que M. Péan a pu mener à bonne fin une opération que plusieurs chirurgiens avaient refusé de pratiquer, pensant avec raison que l'affection dont il s'agissait était au-dessus des méthodes de traitement généralement usitées.

N'ayant pas la prétention de décrire ici toutes les opérations dans lesquelles les pinces pourront être appliquées à l'hémostase préventive, nous nous contenterons des faits qui précèdent, laissant à chacun de nos lecteurs le soin de compléter ce chapitre, suivant les exigences de sa pratique.

CHAPITRE IV

DE LA FORCIPRESSURE
PENDANT LES OPÉRATIONS COMME MOYEN D'HÉMOSTASIE TEMPORAIRE OU DÉFINITIVE

Les pinces remplacent avantageusement les doigts pour faire de l'hémostasie temporaire pendant les opérations. Dans ce but, Vidal conseillait les serres-fines; Follin et M. Sédillot, les serres-fortes; Maisonneuve et Nélaton, la pince à verrou; M. Kœberlé, la pince à pression continue de Charrière; M. Péan préfère la pince hémostatique de son modèle, qu'il laisse en place, de façon à faire non-seulement de l'hémostasie temporaire, mais encore de l'hémostasie définitive, ainsi que le montrent les observations.

I. Opérations qui se pratiquent sur la glande mammaire : Ablation de tumeurs du sein.

II. Opérations sur les membres : Désarticulations, amputations, plaies des gros vaisseaux.

III. Opérations sur le cuir chevelu.

IV. Opérations qui se pratiquent sur la bouche, la langue, etc...

V. Opérations qui se pratiquent sur le cou : Trachéotomies, etc...

VI. Opérations sur l'anus, le rectum, etc...

VII. Opérations sur les organes génitaux : Castrations.

VIII. De l'application des pinces sur les vaisseaux non divisés : Anévrysmes, varices, etc.

IX. Gastrotomies.

Ainsi que nous l'avons déjà dit, l'hémostase s'obtient au moyen de la forcipressure dans le cours des opérations en plaçant une pince sur chaque vaisseau au moment même où il est sectionné. Cette manière d'agir permet de continuer avec rapidité l'opération et de la mener à bonne fin sans le concours d'aides nombreux et exercés, comme cela est nécessaire quand on veut simplement pour comprimer les vaisseaux se servir de l'extrémité des doigts. Ceux-ci gênent l'opérateur pendant qu'il achève l'opération, et souvent lorsqu'on les enlève pour arrêter définitivement l'écoulement du sang, on ne trouve plus les extrémités des vaisseaux rétractés et enfoncés dans les chairs. « Si l'on procède alors à la réunion des parties divisées, l'irritation appelant plus tard le sang vers la plaie, on voit survenir des hémorrhagies consécutives (1) ». Presque tous les chirurgiens sont du reste d'accord sur ce point. « Pendant l'extirpation d'une tumeur volumineuse, dit Vidal, plusieurs artères peuvent, en donnant du sang, nuire à la précision des mouvements de l'opérateur et épuiser les forces du malade. Jeter alors une ligature sur chaque vaisseau, c'est perdre quelquefois un long temps, et, si l'on désire réunir immédiatement, chaque fil devient un obstacle au succès de ce mode de pansement. Il faut donc enlever tous les fils, ce qui est encore une perte de temps et une cause de nouvelles souffrances pour le malade. Faire appliquer les doigts des aides sur les vaisseaux qui donnent, c'est se priver de ces aides pendant le reste de la manœuvre, qui d'ailleurs est singulièrement gênée par la présence des mains sur la surface traumatique (2). »

Pour remédier à ces inconvénients, Vidal de Cassis recommandait l'emploi des serres-fines. Dans le même but Follin conseille les pinces serres-fortes (3) (fig. 2). Il en est de même de MM. Sédillot et Legouest disant « que les petites pinces à ressort croisé qui s'ouvrent par pression et se referment spontanément comme les serres-fines de Vidal, rendent de grands services aux chirurgiens privés d'aides suffisamment exercés. On saisit l'embouchure des artères avec ces pinces, qui restent appendues à la surface de la plaie jusqu'au moment où on les remplace par une ligature (4). » M. Kœberlé se sert au contraire d'une pince à anneaux et à arrêt qui n'est qu'une réduction de la pince à pression continue de Charrière. Enfin MM. Maisonneuve et

(1) Samson, *Des hémorrhagies traumatiques*, th., 1836.
(2) Vidal et Duplay, *Tr. de path. int.*, t. I.
(3) Follin, *Tr. de path. ext.*, t. II.
(4) Sédillot et Legouest, *Tr. de méd. opér.*, 4e édit., t. I.

Nélaton se servaient simplement de la pince à verrou. Nous avons dit que M. Péan, après avoir employé successivement toutes ces pinces, avait fini par les remplacer par la pince hémostatique qu'il avait fait construire par M. Guéride et dont nous avons donné la description (fig. 4). Une fois l'opération terminée, le chirurgien peut, comme le faisaient MM. Maisonneuve et Nélaton, appliquer des ligatures ordinaires sur les vaisseaux et retirer les pinces; ou au contraire comme le préfère M. Péan, laisser ces dernières fixées sur l'extrémité du vaisseau assez longtemps pour obtenir son oblitération et l'arrêt définitif du sang. Les détails dans lesquels nous sommes déjà entrés, et ceux qu'on trouvera dans les observations qui suivent nous dispensent d'insister plus longuement sur les avantages de cette pratique; nous passerons donc immédiatement à l'exposé des faits en passant en revue les principales régions du corps.

. — Opérations qui se pratiquent sur la glande mammaire :
ABLATION DE TUMEURS DU SEIN.

Dans toutes les ablations de tumeurs du sein que nous avons vu pratiquer par M. Péan à l'hôpital Saint-Louis, ou que nous avons pratiquées nous-mêmes sous ses yeux, l'application immédiate des pinces sur les vaisseaux, après leur section, nous a toujours rendu les plus grands services. Après l'opération, le plus grand nombre de ces pinces étaient enlevées tandis que les autres restaient en place pendant quelques heures. Ce n'est qu'exceptionnellement que nous avons été obligés de lier un vaisseau. Les lèvres de la plaie ont toujours été suturées et réunies par première intention excepté, cependant à la partie externe et inférieure qu'on laisse ouverte pour l'introduction d'une mèche destinée à favoriser l'écoulement du pus. C'est par cette ouverture qu'on ramène au dehors les branches des pinces qui doivent rester en place, ce qui ne présente ordinairement aucune difficulté, puisque c'est au voisinage de l'aisselle que se trouvent les vaisseaux les plus importants. Il peut arriver cependant qu'une pince soit située trop profondément, chez une femme très-grasse par exemple, pour pouvoir être facilement ramenée à la partie béante de la plaie. Dans ce cas, si au moment de la retirer pour faire la suture on s'aperçoit que le vaisseau qu'elle comprimait saigne encore, il faut le ressaisir et y jeter une ligature ordinaire qui permet d'achever le pansement. Comme on le verra par les observations qui suivent, il n'est pas en général nécessaire de laisser plus de cinq à sept pinces dans la plaie, et cela de six à vingt-quatre heures après l'opération. On en soutient les branches avec soin, au moyen d'un fort tampon de charpie ou d'ouate, et le tout étant recouvert d'un bandage de corps, la malade ne s'aperçoit pas le plus souvent de la présence de ces instruments qui ne lui causent aucune douleur.

OBSERVATION IX

Carcinome du sein. — Ablation. — Pas de ligatures. — Guérison.

F... Caroline, quarante-six ans, salle Sainte-Marthe, n° 58, entre à l'hôpital le 7 janvier 1874 pour une tumeur du sein gauche dont l'apparition remonte à un an et demi environ. La peau du mamelon adhère à la tumeur. On sent dans l'aisselle plusieurs ganglions.

Le 10 janvier, M. Péan pratique l'ablation de la tumeur et de toute la glande mammaire en comprenant entre deux incisions elliptiques la portion de peau adhérente. Pendant le premier temps de l'opération plusieurs pinces sont placées sur les points saignants des téguments divisés et sur le fond de la plaie. Après avoir prolongé son incision vers l'aisselle, M. Péan extirpe avec les doigts et la spatule les ganglions engorgés. Plusieurs vaisseaux divisés pendant ces manœuvres sont saisis avec de nouvelles pinces. Celles de la peau et du tissu cellulaire sous-cutané ayant été retirées, on suture les lèvres de la plaie et l'on ramène les sept pinces placées sur les vaisseaux les plus importants dans l'angle externe, laissé ouvert pour favoriser l'écoulement du pus. Les pinces laissées dans la plaie sont toutes retirées à six heures du soir. Il n'y eut pas d'hémorrhagie.

OBSERVATION X

Cancer du sein. — Récidive. — Ablation. — Pas de ligatures.

La malade de l'observation précédente, sortie le 1er février 1874, rentra à l'hôpital au mois de décembre avec une récidive sur place et dans les ganglions.

L'opération est pratiquée le 12 décembre.

L'extirpation des ganglions est très-laborieuse; bien que leur énucléation se fasse surtout avec les doigts, plusieurs vaisseaux importants sont déchirés pendant ce temps de l'opération. Des six pinces laissées en place, quatre seulement sont retirées le soir, les deux autres le lendemain matin. Pas de ligatures.

La malade sort guérie dans les premiers jours de janvier.

OBSERVATION XI

Carcinome du sein. — Ablation. — Pas de ligatures. — Guérison.

M... Julie, quarante-sept ans, entrée le 22 juin 1874, salle Sainte-Marthe, n° 59.

Cette malade a été opérée une première fois en juin 1873 d'un cancer du sein gauche. La cicatrisation de la plaie n'a jamais été complète, son extrémité externe s'est peu à peu transformée en un ulcère profond, anfractueux, à base très-indurée, du volume de la moitié du poing et saignant au moindre contact. On ne sent pas de ganglions dans l'aisselle.

Le 11 juillet, on extirpe tous les tissus dégénérés au moyen de deux incisions elliptiques faites à 2 centimètres au delà du mal, huit à dix pinces appliquées pendant la dissection de la tumeur suffisent à obtenir l'hémostase. Les deux lèvres de la plaie sont suturées à la partie supérieure et quatre pinces laissées en place jusqu'au lendemain matin.

La malade sort guérie le 10 août.

OBSERVATION XII

Tumeur squirrheuse du sein. — Ablation. — Pas de ligatures. — Guérison.

R... Cécile, cinquante-cinq ans, salle Sainte-Marthe, 56.

Elle est atteinte depuis trois mois environ d'une tumeur excessivement dure siégeant à la partie externe et inférieure de la mamelle gauche avec nodosités et adhérences de la peau sans rétraction du mamelon. Il n'y a pas de ganglions engorgés.

Le 3 octobre, l'ablation du sein est pratiquée selon le procédé habituel : l'hémostase est obtenue au moyen de six pinces dont quatre seulement sont laissées en place et ramenées dans l'angle externe de la plaie qu'on laisse ouvert pour l'écoulement du pus.

La malade quitta l'hôpital le 28 octobre 1874.

OBSERVATION XIII

Myxome du sein gauche. — Six pinces hémostatiques restent dans la plaie jusqu'au lendemain. — Pas de ligatures.

M... Thérèse, cinquante-cinq ans, entrée le 26 juin 1874, salle Sainte-Marthe, n° 75. Est atteinte depuis quatorze ans d'une tumeur du volume du poing, située à la partie supérieure du sein gauche. Depuis six semaines un abcès s'est formé à la surface de la tumeur. Il n'y a pas de ganglions dans l'aisselle.

L'opération fut pratiquée le 11 juillet 1874. Douze pinces furent placées sur les vaisseaux dans le cours de l'opération pour arrêter l'écoulement du sang ; aucune ligature ne fut pratiquée. Six pinces restèrent en place jusqu'à la visite du lendemain.

L'examen histologique de la tumeur, fait au laboratoire de M. Ranvier, a montré qu'il s'agissait d'un myxome.

OBSERVATION XIV

Carcinome volumineux du sein droit. — Hémostase au moyen des pinces sans ligatures.

G... M., cinquante-huit ans, entrée le 28 octobre 1875, salle Sainte-Marthe, n° 71.·

La tumeur a commencé à se développer au mois de mars dernier, elle atteint aujourd'hui le volume des deux poings et adhère à la peau, qui forme à ce niveau une plaque noirâtre. La surface de cette tumeur est irrégulièrement bosselée. On ne sent pas de ganglions dans l'aisselle.

Cette malade fut opérée le 7 novembre avec toutes les précautions habituelles. La peau altérée et toute la glande mammaire furent enlevées. Il en résulta une vaste plaie dont tous les points saignants furent successivement comprimés avec une quinzaine de pinces; neuf purent être enlevées immédiatement après l'opération, les autres furent laissées en place jusqu'au lendemain matin. Il n'y eut pas d'hémorrhagie.

OBSERVATION XV

Lipôme volumineux du flanc gauche. — Extirpation.

M... Berthe, quarante ans, entrée le 25 novembre 1874, salle Sainte-Marthe, n° 67.

Entre les fausses côtes et la crête iliaque du côté gauche, existe une tumeur du volume de la tête, qui a débuté il y a vingt ans. La peau qui la recouvre est lisse, sans adhérences sillonnée par quelques veines dilatées. La tumeur est manifestement lobulée et présente la consistance lipomateuse.

La circonférence de la tumeur, mesurée à son point d'implantation, est de 36 centimètres; de ce point au sommet il y a une distance de 25 centimètres.

Opération le 27 novembre, il suffit de placer quelques pinces sur la peau et au fond de la plaie pour obtenir l'hémostase; les dernières seules sont laissées en place jusqu'à la visite du soir et ramenées au dehors par la partie inférieure de la plaie laissée ouverte, tandis que la partie supérieure était réunie par trois ou quatre points de suture. La cicatrisation fut notablement retardée par un érysipèle qui envahit la plus grande partie du tronc, cependant la malade sortit guérie le 3 janvier.

Les lipomes étant le plus souvent faciles à énucléer et peu vasculaires ne nécessitent généralement pas l'emploi d'un grand nombre de pinces. Nous avons cru cependant devoir rapprocher cette observation des précédentes, à cause du volume et du siége de la tumeur.

II. — OPÉRATIONS SUR LES MEMBRES : DÉSARTICULATIONS, AMPUTATIONS. — PLAIES DES GROS VAISSEAUX.

Dans les amputations qui ont été pratiquées pendant l'année 1874, à l'hôpital Saint-Louis, par M. Péan ou par nous, nous n'avons pas d'ordinaire laissé les pinces sur les vaisseaux après l'opération, nous les avons remplacées par des ligatures, afin de pouvoir appliquer immédiatement le pansement ouaté. On verra, par le fait qui suit, qu'il est cependant facile d'obtenir l'hémostase définitive au moyen de ces instruments, même lorsqu'il s'agit des vaisseaux principaux d'un membre. Dans les cas de dégénérescence athéromateuse et calcaire, comme celui auquel nous avons eu affaire, cette manière d'agir sera même infiniment supérieure aux différents procédés qui ont été imaginés pour remplacer alors la ligature tels que l'introduction dans le vaisseau d'une boulette de cire ou d'un morceau de bougie, comme le conseillaient Roux et Dupuytren, et l'interposition d'un morceau de sparadrap entre le fil et la paroi artérielle, ainsi que le recommandent encore quelques chirurgiens. Du reste, l'efficacité des pinces pour déterminer l'oblitération des gros vaisseaux n'est pas douteuse, ainsi que le démontrera une observation *de plaie avec hémorrhagie des vaisseaux fémoraux* combattue avec succès par ce procédé.

OBSERVATION XVI

Carie du calcanéum. — Amputation de la jambe. — Artères athéromateuses. Pas de ligatures.

L... Xavier, cinquante-trois ans, fut opéré le 25 juillet 1874.

Après avoir appliqué l'appareil d'Esmarch, l'opérateur incise circulairement les téguments au niveau du tiers inférieur de la jambe, puis les divise en avant par une petite incision verticale perpendiculaire à la précédente. Les deux angles de la peau sont disséqués et les muscles sectionnés et coupés sans qu'il s'écoule plus de quelques gouttes de sang. Une fois les os sciés, l'opérateur place des pinces sur les artères principales du membre et fait enlever le tube de caoutchouc. Quelques artérioles donnent alors un petit jet de sang aussitôt réprimé au moyen de trois ou quatre autres pinces. Afin de pouvoir appliquer tout de suite un pansement définitif, on jette une ligature sur une des tibiales, mais ses parois athéromateuses et friables sont coupées à deux reprises par le fil. Voyant que ses tentatives étaient infructueuses, l'opérateur laissa en place jusqu'au surlendemain les pinces qui comprimaient les vaisseaux les plus importants. Il n'y eut pas d'hémorrhagie consécutive et aucun accident ne vint entraver la cicatrisation.

OBSERVATION XVII

Panaris de l'index suivi de nécrose de la phalange. — Désarticulation du doigt. — Pas de ligatures.

L... Jean, âgé de soixante ans, entré le 19 décembre à l'hôpital Saint-Louis, salle Saint-Augustin, n° 56.

Ce malade s'est enfoncé il y a environ deux mois un clou rouillé vers la racine du doigt indicateur droit. A la suite de ce traumatisme, un panaris profond s'est développé rapidement, qui a envahi le périoste et le tissu osseux. A l'entrée du malade à l'hôpital, l'index droit est très-tuméfié, d'un rouge vineux et très-induré. A la face palmaire de la phalange existe une ouverture déchiquetée qui s'est faite spontanément et au fond de laquelle on aperçoit des filaments blanchâtres provenant de la destruction du tendon fléchisseur. Avec un stylet introduit dans cette ouverture on trouve l'os de la phalange dénudé et manifestement nécrosé. Les mouvements sont complétement abolis. Le malade réclamant avec insistance une opération qui lui permette de reprendre son travail, la désarticulation métacarpo-phalangienne est pratiquée le 26 décembre 1874 suivant le procédé de Lisfranc.

Un grand lambeau est taillé de dehors en dedans sur la face externe de la phalange en rasant l'os; puis l'articulation ouverte, le couteau est ramené en dedans entre la phalange et les téguments de la face interne, de façon à tailler de dedans en dehors un second lambeau semblable au premier. Les tissus enflammés et indurés saignent abondamment quand on interrompt la compression et permettent difficilement de faire des ligatures, aussi les vaisseaux sont-ils simplement comprimés avec une

certaine épaisseur des tissus voisins au moyen de deux pinces hémostatiques, qui ne furent retirées qu'au bout de vingt heures. L'écoulement
sanguin ne reparut pas. Le gonflement des tissus diminua rapidement et
la cicatrisation suivit sa marche normale.

Ce fait nous a paru présenter un certain intérêt, parce qu'il
montre que l'oblitération définitive des vaisseaux peut être sûrement et facilement obtenue par l'emploi des pinces même au
milieu des tissus enflammés, où la ligature est souvent impraticable, et donne, d'après la plupart des chirurgiens, d'assez
mauvais résultats.

Nous publions encore ici une autre observation qui montre
bien tout le parti que l'on peut tirer des pinces hémostatiques
dans les cas de plaie avec hémorrhagie, quel que soit le calibre
des vaisseaux intéressés. On sait quelles difficultés accompagnent
le plus souvent, dans ces cas, la recherche des deux bouts de l'artère sectionnée, et quels délabrements le chirurgien est quelquefois obligé de produire, avant de pouvoir faire la ligature pour-
tant indispensable, si l'on veut être sûr de ne plus voir reparaître
l'hémorrhagie. Ces inconvénients et ces dangers seront évités par
l'emploi des pinces qui n'exigent pas que le vaisseau soit mis à
nu et isolé. Il suffit simplement de voir le point d'où jaillit le
sang, et d'y appliquer une ou deux pinces, même en comprimant
avec le vaisseau une certaine portion des tissus voisins pour arrêter
définitivement l'hémorrhagie.

OBSERVATION XVIII

Plaie simultanée de l'artère et de la veine fémorales au tiers supérieur
de la cuisse. — Application de pinces hémostatiques. — Guérison.

Le 24 décembre 1874, M. Péan est appelé pendant la nuit chez M...,
charcutier, à Domont. L'artère et la veine fémorales ouvertes par un coup
de couteau ont donné lieu à des hémorrhagies presque foudroyantes que

les docteurs Blanchard et Bazin ont suspendues à l'aide de la compression. Aidé de ses confrères, M. Péan met à nu la face externe de ces vaisseaux et applique deux pinces hémostatiques, l'une sur l'artère au-dessus
de la division; l'autre sur la veine, au-dessous de l'autre division, et,
voyant que ces pinces ne suffisent pas à enrayer le cours du sang dans
ces gros vaisseaux, il applique les deux autres pinces à la fois sur l'artère
et sur la veine fémorales, l'une au-dessus, l'autre au-dessous des deux
précédentes. Toutes ces pinces furent retirées du cinquième au sixième
jour sans qu'elles aient gêné la cicatrisation de la plaie. M. Péan a reçu
dernièrement des nouvelles de ce malade qui, guéri depuis longtemps ne
présente plus actuellement qu'un léger œdème de la jambe.

III. — OPÉRATIONS SUR LE CUIR CHEVELU.

Les deux observations qui suivent montrent le parti qu'on peut
tirer des pinces dans les opérations qui se pratiquent sur le cuir
chevelu. On sait les difficultés qu'on a le plus souvent à appliquer des ligatures dans cette région; d'autre part, la compression
à laquelle on est obligé d'avoir recours doit, pour agir efficace-
ment, être très-énergique, et devient rapidement douloureuse.
Pour éviter ces inconvénients, il suffit, comme le fait M. Péan,
de laisser pendant quelques heures les pinces sur les vaisseaux qui
saignent le plus abondamment pour se mettre à l'abri de l'hémorrhagie sans faire souffrir le malade.

OBSERVATION XIX

*Épithélioma du cuir chevelu. — Couronne de pinces hémostatiques
appliquées sur les bords de la plaie et laissées en place jusqu'au soir.*

Scolastique D..., quarante-huit ans, salle Sainte-Marthe, n° 63. Présente au niveau du vertex une tumeur du volume d'une petite pomme,
ulcérée, inégale, saignant au moindre contact et indolore.

Opération le 21 novembre 1874. Incision circulaire du cuir chevelu à

1 centimètre environ de la circonférence du mal. Il fallut gratter avec la rugine le périoste adhérent à la tumeur. Un grand nombre d'artérioles, divisées pendant l'opération, furent saisies au moyen de dix ou douze pinces, qu'on laissa en place jusqu'au soir, au milieu des pièces du pansement.

Pas d'hémorrhagie.

La malade mourut de pneumonie au mois de décembre, alors que la plaie était complétement remplie de bourgeons charnus.

L'examen histologique de la tumeur a été fait au laboratoire de M. Ranvier.

OBSERVATION XX

Madame C..., soixante-dix ans, présente la même affection. M. Péan fait l'opération comme précédemment, le 21 octobre 1874, en présence de MM. les docteurs Ricord et Vivier. Les pinces sont retirées par l'un de nous six heures après l'opération. Une petite artériole qui fournit encore du sang est facilement saisie et liée pour ne pas condamner plus longtemps la malade à l'immobilité. La guérison fut des plus rapides.

IV. — OPÉRATIONS QUI SE PRATIQUENT SUR LA BOUCHE, LA LANGUE, ETC.

La bouche, le pharynx, la langue, sont des régions où le chirurgien redoute toujours de porter l'instrument tranchant, tant à cause de leur grande vascularité, du nombre et de la richesse des anastomoses normales ou pathologiques, que par suite des difficultés qu'on rencontre ordinairement à y pratiquer l'hémostase. Samson rapporte, dans sa thèse, plusieurs observations d'hémorrhagies survenues à la suite de traumatismes de ces organes, que la ligature, la compression et la cautérisation furent impuissantes à réprimer, et qui causèrent la mort des malades. C'est pour parer à ce danger qu'on a souvent été obligé de faire la ligature préventive de la carotide externe ou de la linguale, soit avant, soit

pendant une opération de cette nature (1). La plupart des chirurgiens emploient même aujourd'hui, dans ces cas, l'écraseur linéaire ou le couteau galvano-caustique de préférence au bistouri ;
mais, malgré la sage lenteur apportée au maniement de ces instruments, on n'en a pas moins vu se déclarer des hémorrhagies
redoutables. Grâce à l'emploi des pinces hémostatiques, nous
avons vu **M.** Péan exécuter toujours ces opérations rapidement,
soit avec l'instrument tranchant, soit avec l'écraseur, sans que
l'écoulement du sang devînt un seul instant inquiétant. Nous
avons déjà rapporté, en parlant de l'hémostasie préventive, plusieurs observations qui démontrent les avantages de cette pratique ; en voici deux autres à l'appui.

OBSERVATION XXI

*Sarcome myéloïde du plancher de la bouche. — Compression avec
les pinces de tous les vaisseaux sectionnés.*

B... Jules, quarante-sept ans, salle Saint-Augustin, n° 18. Est entré à
l'hôpital Saint-Louis dans le courant de décembre 1873.

Après avoir passé huit jours dans le service de M. Besnier qui reconnut
le caractère cancéreux de son affection, il entre dans le service de
M. Péan.

Entre le frein de la langue et l'arcade dentaire inférieure siége une
tumeur allongée transversalement, bourgeonnante et ulcérée sur la partie
médiane. L'affection, qui a débuté il y a six mois environ par une petite
excroissance siégeant à la base du frein, s'est accrue rapidement et paraît
actuellement s'être propagée en avant à la muqueuse gingivale et au
périoste. Les mouvements de la langue sont très-gênés et douloureux. On
ne sent pas de ganglions.

Le 3 janvier 1874, le malade étant chloroformisé, M. Péan pratique sur
la ligne médiane la section de la lèvre inférieure et des téguments et celle
du maxillaire inférieur. Il devint ainsi facile d'écarter les deux moitiés de
la mâchoire, et d'enlever avec le bistouri et la rugine toutes les parties

(1) Robert, *De la lig. de la carot. externe*, th. de Paris, 1873.

malades, la langue étant attirée au dehors pour éviter la suffocation. Cinq ou six pinces hémostatiques sont placées dans le cours de l'opération sur l'artère sublinguale et quelques autres vaisseaux moins importants, on en laisse trois à demeure. Les parties molles étant réunies par une suture entortillée, les deux moitiés du maxillaire sont rapprochées par la suture métallique des dents. Les pinces maintenues hors de la bouche sont enlevées le lendemain matin.

Pas d'hémorrhagie. Au bout de six jours survint un érysipèle, puis un phlegmon, qui retardèrent notablement la guérison. Le malade sortit dans le courant de mars avec une consolidation encore incomplète du maxillaire ; les mouvements de la langue étaient libres et le plancher de la bouche en apparence sain.

L'examen histologique de la tumeur a été fait au laboratoire de M. Ranvier.

OBSERVATION XXII

Ablation de la moitié droite de la langue avec l'écraseur linéaire.
Application des pinces sur les vaisseaux.

M. X..., quarante-deux ans, est opéré le 20 septembre 1874. Il porte au côté droit de la langue une ulcération qui s'est développée depuis un mois sur une ancienne plaque de psoriasis lingual et présente tous les caractères d'un épithélioma ulcéré.

Le malade étant chloroformisé, M. Péan attire la langue au dehors avec une pince à griffes et la perfore avec un petit trocart articulé en arrière du mal, puis, passant une chaîne d'écraseur dans la canule du trocart, il enlève celui-ci et commence la section de la langue d'arrière en avant sur la ligne médiane. Le malade, qui est asthmatique, supportant mal le chloroforme, M. Péan se décide à achever l'opération le plus rapidement possible, sans chercher à prévenir complétement l'écoulement sanguin. Plusieurs points de la section antéro-postérieure donnent alors du sang et sont saisis avec des pinces hémostatiques.

L'opération est ensuite rapidement terminée par la section transversale de la moitié droite de la langue en arrière de l'ulcération. Les artères de la surface divisée saignent abondamment, mais M. Péan parvient assez facilement à arrêter complétement l'hémorrhagie au moyen de quatre nouvelles pinces qui sont soutenues hors de la bouche par un pansement approprié, de façon à ne pas occasionner de tiraillements. Cinq de ces pinces furent retirées par l'un de nous le lendemain matin à sept heures, dix-huit heures après l'opération. Les trois autres, qui comprimaient les vaisseaux les plus importants, furent laissées par prudence jusqu'au soir et enlevées par conséquent au bout de trente heures. Il n'y eut pas trace d'hémorrhagie ni au moment de l'ablation des pinces ni dans les jours qui suivirent. La cicatrisation se fit rapidement et le malade pouvait au bout de vingt jours reprendre sa vie habituelle.

V. — Opérations qui se pratiquent sur le cou.
Trachéotomies.

Pendant la trachéotomie chez l'enfant, et surtout chez l'adulte, la perte de sang peut être assez abondante pour compliquer l'exécution des derniers temps de l'opération. La compression est ici impossible, la ligature demanderait un temps précieux, et l'application de perchlorure de fer ne serait pas exempte de dangers (1); on trouvera donc un utile auxiliaire dans l'emploi des pinces hémostatiques, qui ont déjà rendu dans ces cas de nombreux services à M. Péan.

OBSERVATION XXIII

Tumeur cancéreuse du larynx. — Trachéotomie (2).

G..., receveur des contributions, entre à la maison de santé du docteur Plouvier pour une tumeur cancéreuse du larynx, dont les progrès rapides menaçaient de l'asphyxier. Appelé pour pratiquer la trachéotomie, le 17 avril 1874, M. Péan, assisté de M. le docteur Fauvel et de M. Poyet, interne des hôpitaux, incisa les téguments sur la ligne médiane, plaça quelques pinces sur les vaisseaux qui furent intéressés pendant les manœuvres nécessaires pour découvrir la trachée, et fit l'incision de cet organe. Le malade ne perdit pas du tout de sang ; cinq pinces restèrent en place après l'opération, trois furent enlevées pendant la nuit par M. Poyet, les deux autres furent laissées jusqu'au lendemain. Cette opération prolongea de six mois la vie du malade.

(1) Vidal de Cassis, *Trait. de path. ext.*, t. V.
(2) Communiquée par M. Poyet.

OBSERVATION XXIV

Cancer du larynx. — Trachéotomie.

R..., cinquante-quatre ans, charpentier, présente la même affection. La suffocation étant imminente il est trachéotomisé par M. Péan, à l'hôpital Saint-Louis, au mois de mars 1873. Les vaisseaux étaient dilatés et formaient un lacis inextricable au devant du cou. Plusieurs furent intéressés et auraient donné lieu à un écoulement abondant de sang s'ils n'avaient été saisis au préalable au moyen de quelques pinces hémostatiques qui furent laissées en place jusqu'au lendemain matin. La plaie se cicatrisa rapidement.

OBSERVATION XXV

Ulcérations syphylitiques du larynx. — OEdème de la glotte.
Trachéotomie (1).

La femme B..., âgée de vingt-quatre ans, est amenée à l'hôpital Saint-Louis le 30 mai 1873, pour un œdème de la glotte, consécutif à des ulcérations syphilitiques du larynx. Cette femme étant sur le point d'asphyxier fut opérée immédiatement, et comme précédemment l'hémorrhagie fut prévenue par l'emploi de quelques pinces laissées en place jusqu'au lendemain. La guérison fut rapide.

VI. — OPÉRATIONS QUI SE PRATIQUENT SUR L'ANUS, LE RECTUM, ETC...

Dans les opérations qui se pratiquent sur le périnée, l'anus, et surtout le rectum, il est presque toujours impossible d'éviter la section d'un assez grand nombre de vaisseaux; ceux-ci ne peuvent pas toujours être liés ou tordus, et l'hémostase n'est obtenue, la plupart du temps, qu'au moyen d'une forte compression, de

----

(1) Nous devons ces deux observations (XXIV et XXV) à l'obligeance de M. le docteur A. Brochin.

l'application de perchlorure de fer ou de celle du fer rouge (1).
Ces moyens infidèles et très-douloureux pourront presque toujours être évités par l'emploi d'un certain nombre de pinces hémostatiques abandonnées de six à douze heures dans la plaie,
ainsi que le démontrent les deux observations suivantes :

OBSERVATION XXVI

*Fistules multiples de la marge de l'anus incisées avec le bistouri. — Com-
pression des vaisseaux sectionnés au moyen des pinces hémostatiques. —
Guérison.*

L... Louise, quarante et un ans, entre à l'hôpital Saint-Louis, salle
Sainte-Marthe, n° 74, le 17 août 1874.

Cette malade jouit d'une bonne santé habituelle, ne tousse pas et ne
présente aucun signe de tuberculose pulmonaire. Au mois de juillet 1873,
elle vit se développer à la marge de l'anus, sans cause appréciable, deux
abcès qui ne guérirent qu'au bout de plusieurs mois en laissant des trajets fistuleux qui donnaient lieu à un écoulement incessant de pus et de
sanie. L'examen de cette région permet de distinguer à droite et à gauche
de l'anus deux petits pertuis à bords amincis et violacés dans lesquels on
peut introduire le bec de la sonde cannelée et enfoncer cet instrument de
plusieurs centimètres dans la direction du rectum. Ces quatre trajets
communiquent deux à deux et vont s'ouvrir directement à droite et à
gauche à la partie inférieure du sphincter anal. Un cinquième trajet se
dirige vers la fesse gauche.

Le 29 août 1874, M. Péan ayant placé plusieurs sondes cannelées
dans ces différents trajets, les incisa avec le bistouri, excisa les portions
de peau et de muqueuse décollées et arrêta l'écoulement assez considérable de sang qui se produisit avec huit pinces hémostatiques et une légère compression exercée sur la région. La malade sortit le 15 octobre 1874.

(1) Voyez à ce sujet la thèse de Marchand : *De l'extirpation de l'extrémité inférieure
du rectum*, 1873.

OBSERVATION XXVII

Carcinome de la partie inférieure du rectum et de la cloison recto-vaginale. — Extirpation avec l'écraseur linéaire et le galvano-cautère. — Quatorze pinces hémostatiques sont laissées dans la plaie. — Guérison.

Élisa R..., cinquante-quatre ans, entre à l'hôpital Saint-Louis le 6 juin 1874.

Cette malade se plaint d'une tumeur au fondement qui aurait débuté depuis un an ou quinze mois. Depuis six mois elle accuse des pertes de sang par l'anus qui durent plusieurs jours de suite. Il n'y a pas de constipation et les selles ne provoquent pas de douleurs. Pas d'écoulement vaginal. Pas de douleurs dans les reins, ni dans le bas-ventre. La miction s'accomplit normalement. La malade mange et digère bien quoiqu'elle ait beaucoup maigri depuis six semaines.

En l'examinant on constate que la vulve se prolonge presque jusqu'à l'anus. Celui-ci est obstrué par des saillies mamelonnées de la grosseur du pouce. La peau de cette région est indurée, violacée, et présente plusieurs petits noyaux cancéreux durs, perforés à leur centre, d'où s'écoule du pus.

Le doigt introduit dans le rectum sent une tumeur bosselée, inégale, qui en arrière dépasse à peine le sphincter, mais en avant remonte assez haut pour que sa limite ne puisse guère être franchie par l'extrémité du doigt. Par le toucher vaginal on reconnaît que toute la paroi postérieure de ce canal est le siége de la même dégénérescence. L'utérus, les culs-de-sac et les autres parties du vagin ont conservé leur souplesse normale et paraissent parfaitement sains.

Les ganglions inguinaux sont légèrement engorgés et douloureux.

L'extirpation de toutes les parties malades fut pratiquée le 13 juin 1874 par M. Péan. La dissection fut portée au delà des limites du mal avec le couteau galvano-caustique et les lambeaux ainsi formés sectionnés avec l'écraseur linéaire. Malgré la lenteur avec laquelle furent maniés ces instruments, il fallut à plusieurs reprises réprimer quelques jets de sang fournis par les artères hémorrhoïdales, ce qui fut facilement obtenu au moyen des pinces hémostatiques. Tous les points saignants de la surface de la plaie furent comprimés avec ces instruments, de façon à ménager le plus possible les forces de la malade. Quatorze pinces furent ainsi laissées en place avec des éponges, au milieu du vaste infundibulum qui résulta de l'opération. Le tout fut maintenu par un bandage en T. Il n'y eut pas d'hémorrhagie dans la journée, ni les jours suivants. Éponges et pinces furent retirées ensemble le lendemain matin. Des injections furent pratiquées avec douceur matin et soir dans la plaie dont la cicatrisation marcha rapidement, puisqu'un mois et demi après la malade quittait l'hôpital (le 24 juillet). Nous l'avons revue au bout de deux mois, à la fin de septembre, dans un état très-satisfaisant.

VII. — OPÉRATIONS SUR LES ORGANES GÉNITAUX. — CASTRATIONS.

On sait qu'une grande divergence d'opinions règne parmi les chirurgiens sur la manière de pratiquer la section du cordon spermatique dans l'opération de la castration, les uns voulant qu'on lie le cordon en masse, les autres qu'on jette un fil sur chaque vaisseau séparément après la section. Quelques chirurgiens appliquent même l'écrasement linéaire à cette opération, et ne font pas de ligatures.

Le procédé employé par M. Péan dans les deux observations qui suivent est d'une grande simplicité, et n'expose pas, comme les autres, à voir le cordon remonter dans le canal inguinal, et y donner lieu à une hémorrhagie fort difficile à réprimer. Il consiste à comprimer simplement le cordon, avant de le sectionner, avec deux pinces qu'on laisse appliquées pendant vingt-quatre ou quarante-huit heures (fig. 10). Si on le préfère, on peut les retirer immédiatement après la section, et saisir ensuite directement, avec une ou deux pinces les vaisseaux qui donnent. Chez les cinq malades auxquels nous avons vu pratiquer la castration, pendant l'année 1874, le premier procédé a toujours été employé comme plus expéditif, et a toujours été suivi de succès.

OBSERVATION XXVIII

Sarcome du testicule. — Castration. — Pas de ligature du cordon.
Guérison.

D... Benoît, trente-cinq ans, entre le 12 décembre dans le service de M. Péan, salle Saint-Augustin, n° 43, pour une tumeur du testicule droit datant de deux ou trois ans. Il y a deux mois, une ponction faite par un médecin de la ville donna issue à une petite quantité de sérosité ; l'ouverture est dès lors restée fistuleuse et donne lieu à un écoulement séreux peu abondant.

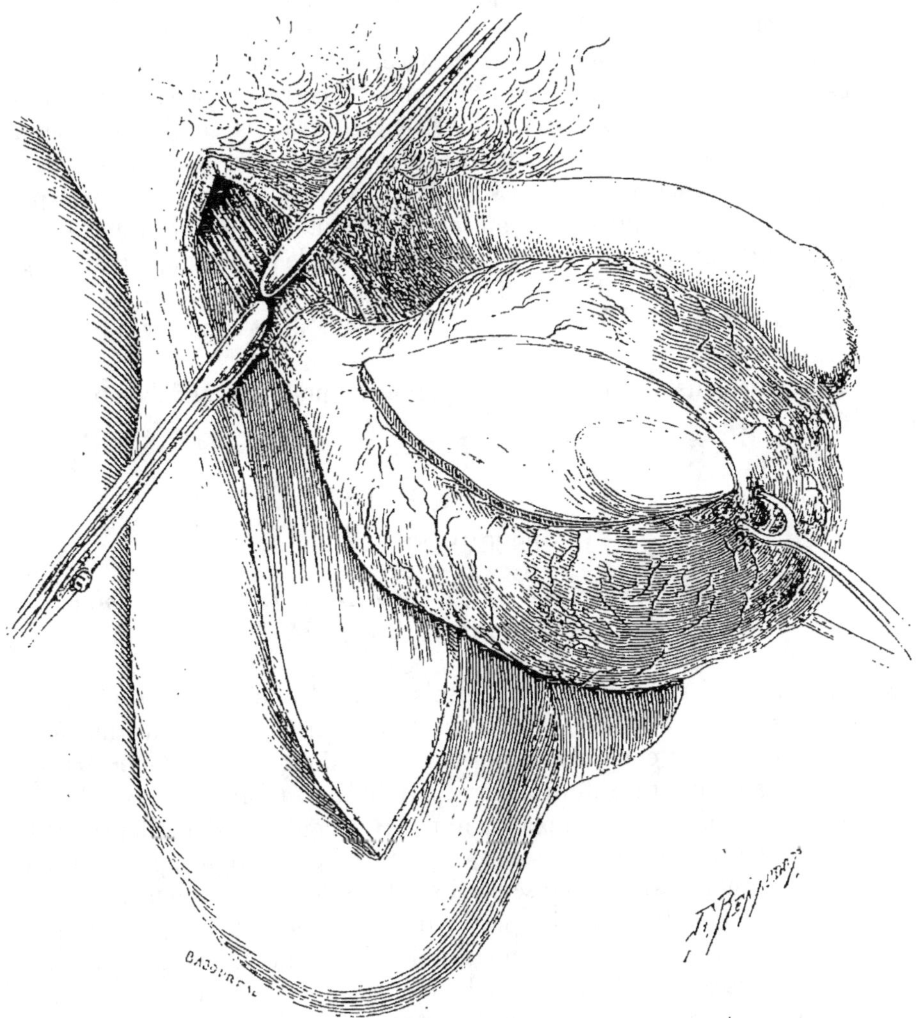

Fig. 10. — *Castration*. Le cordon spermatique est comprimé entre les mors de deux pinces au-dessous desquels doit porter la section.

Diagnostic. — Cancer du testicule. Castration le 14 décembre. Deux incisions courbes se rejoignant par leurs extrémités sont faites sur les téguments par M. Péan, qui cherche ensuite à isoler la tumeur. Cette opération est rendue difficile dans la moitié inférieure par l'inflammation adhésive qui s'est manifestée dans la tunique vaginale à la suite de la ponction ; il fallut faire une dissection attentive, pendant laquelle quelques pinces furent placées sur les petits vaisseaux divisés. Dans la moitié supérieure, l'absence d'adhérences permet d'arriver facilement sur le cordon qui paraît normal. M. Péan le saisit en masse avec deux pinces hémostatiques placées très-obliquement de façon à pouvoir facilement plus tard les amener dans la plaie, puis il sectionne le cordon immédiatement au-dessous des mors. Les pinces qui avaient été placées sur les téguments sont enlevées immédiatement, celles qui compriment le cordon restant en place, puis les deux tiers supérieurs de l'incision étant fermés par quatre points de suture, une mèche contenant un tube à drainage est introduite dans la plaie. Les pinces sont retirées le lendemain matin, vingt heures après l'opération. Pas d'hémorrhagie. La cicatrisation fut un peu retardée par la formation dans l'aine d'un petit abcès situé sur le trajet du cordon.

L'examen histologique de la pièce a été pratiqué au laboratoire de M. Ranvier.

OBSERVATION XXIX

Lymphadénome du testicule. — Castration. — Compression du cordon spermatique avec deux pinces.

M. F..., à Charenton, quarante-trois ans, est atteint depuis plusieurs années d'une tumeur du testicule droit qui a distendu considérablement les bourses, et atteint aujourd'hui les dimensions d'une tête de fœtus à terme. La peau du scrotum adhère partout à la tumeur, qui est lisse et très-dure. — Le malade se plaignant de vives douleurs abdominales, et la marche étant devenue impossible, l'opération est pratiquée par M. Péan, le 18 septembre 1874, en présence de MM. les docteurs A. Fournier et Desportes. Pendant la dissection de la tumeur, sept à huit pinces sont placées sur les vaisseaux des bourses, qui fournissent du sang. La tumeur remonte assez haut dans le canal inguinal ; une fois la limite du mal atteinte, M. Péan place, comme le montre la figure, deux pinces sur la partie saine du cordon qu'il sectionne immédiatement au-dessous. — Quelques points de suture ferment la plaie, qu'on ne laisse ouverte qu'à la partie inférieure. Pas de ligatures. Comme le malade était très-affaibli, et qu'on redoutait beaucoup la moindre perte de sang, les pinces furent toutes laissées en place et retirées le lendemain matin, sauf les deux pinces du cordon qu'on laissa jusqu'au surlendemain de l'opération. Huit jours après, nous eûmes occasion de revoir le malade; il n'y avait pas eu d'hémorrhagie, et la plaie était en bonne voie de cicatrisation.

VIII. — De l'application des pinces sur les vaisseaux non divisés : Anévrysmes, varices, etc.

La plupart des chirurgiens admettent aujourd'hui que la ligature des artères, pratiquée dans la continuité du vaisseau, comme cela se fait en particulier pour la cure des anévrysmes, ne présente pas le même degré de sécurité que celle qui porte sur les vaisseaux sectionnés d'une plaie.

Les expériences de Travers, tentées sur des chevaux, ont cependant montré qu'une ligature, appliquée pendant *quelques heures seulement* sur la carotide, avait pour résultat l'oblitération permanente du vaisseau. Travers fit même, sur un homme, la ligature de la brachiale d'après ces indications, et l'enleva cinquante heures après son application, sans que les pulsations reparussent dans la tumeur anévrysmale qui l'avait conduit à cette opération (1).

M. Robert, de son côté, ayant laissé, pendant vingt et une heures, une ligature sur l'artère fémorale dans un cas d'anévrysme poplité, a obtenu l'oblitération définitive de la plaie (2).

D'autres faits analogues ont été suivis d'insuccès, néanmoins ils étaient assez concluants pour autoriser à remplacer les ligatures temporaires, toujours difficiles à enlever, sans tirailler l'artère, par un autre moyen plus pratique pouvant également procurer les bénéfices d'une oblitération rapide du canal artériel.

Ces considérations ont engagé M. Péan à ne pas réserver l'application des pinces hémostatiques aux vaisseaux sectionnés dans

(1) Follin et Duplay, *loco citato.*
(2) Chassaignac, *Tr. des mal. chirurg.*

une opération ou par le fait d'un accident, mais à s'en servir pour comprimer un vaisseau dans sa continuité, au lieu d'y mettre une ligature.

Cette compression passagère au moyen des pinces est infiniment supérieure à la plaque de bois de Desault, à la lame de plomb de Percy, aux différents presse-artères de Deschamps, d'Assalini, etc..., dont nous avons déjà parlé, et qui ont été également imaginés pour remplacer la ligature des artères dans la cure des anévrysmes. Les faits sur lesquels nous nous appuyons sont cependant trop peu nombreux pour établir la valeur de ce procédé, qui devra être réservé, comme la simple ligature, aux cas où les autres modes de traitement, et en particulier la compression, auront échoué.

Voici deux observations où la compression temporaire par les pinces a été employée avec succès :

OBSERVATION XXX

Anévrysme de l'artère humérale, traité par la compression du vaisseau au moyen d'une pince. — Guérison (1).

B... Henri, cinquante ans, salle Saint-Augustin, n° 66, entre à l'hôpital au mois de juillet pour une tumeur anévrysmale de la grosseur d'une petite pomme, qui s'est développée lentement à la partie inféro-interne du bras à la suite d'un coup de couteau reçu dans cette région. Les autres modes de traitement n'ayant pas réussi, M. Péan fait une courte incision à la partie moyenne du bras, le long du bord interne du biceps, découvre l'artère humérale, et la saisit avec une pince qui reste appliquée pendant quarante-huit heures. Le jour même, les battements avaient complétement disparu dans la tumeur, et celle-ci avait assez diminué de volume pour que le malade quittât l'hôpital quinze jours après l'opération (5 août 1874).

(1) Observation communiquée par M. Cousin, élève du service.

OBSERVATION XXXI

Névralgie sus-orbitaire. — Compression de l'artère temporale au moyen d'une pince.

G... Célestine, soixante-sept ans, salle Saint-Martin, n° 64, entre à l'hôpital pour une névralgie sus-orbitaire rebelle à tous les traitements généralement employés. M. Péan, recourant à une méthode qui lui avait déjà donné plusieurs succès, se décide à faire la forcipressure de l'artère temporale. L'opération eut lieu le 18 juillet. Sectionnant la peau et le tissu cellulaire sous-cutané dans une étendue de 2 centimètres, M. Péan découvre l'artère et la saisit entre les mors d'une pince. Celle-ci fut retirée le lendemain matin, sans que son séjour ait été douloureux pour la malade, qui n'eut plus d'accès jusqu'à son départ, le 24 août 1874. A cette époque les battements artériels n'avaient pas reparu.

En substituant, dans ces cas, la compression de l'artère à la ligature au moyen d'un fil, M. Péan supprime le temps le plus délicat de l'opération de la ligature, c'est-à-dire la dénudation de l'artère. Il se contente d'isoler le vaisseau de ses veines et nerfs satellites, et de le comprimer entre les mors d'une pince. Il ménage par cette pratique les vasa-vasorum, ne diminue pas la vitalité du vaisseau, et n'a pas à redouter que le pus de la plaie, fusant dans la gaîne artérielle intacte, aille causer au loin des désordres toujours graves. Enfin, l'absence de corps étranger dans la plaie dès le deuxième ou le troisième jour, permet à la cicatrisation de marcher rapidement.

IX. — GASTROTOMIES.

Il nous reste à parler maintenant de quelques opérations spéciales pour lesquelles il est indispensable de se munir d'un grand nombre de pinces de formes et de dimensions variables. C'est, en effet, en grande partie à ses procédés perfectionnés d'hémostase (pinces hémostatiques variées, serre-nœuds du docteur Cin-

trat, etc.) que M. Péan doit d'avoir pu mener à bonne fin l'extirpation d'un certain nombre de tumeurs fibreuses ou fibro-
cystiques de l'abdomen avec adhérences multiples et vasculaires. Dans ces opérations, les petites pinces hémostatiques, les
pinces en T (fig. 3, [2]), les grandes pinces en cœur (fig. 3, [4], [5])
sont appliquées quelquefois en nombre considérable (30 à 60),
et permettent seules de lutter avec succès contre l'écoulement du
sang. Grâce à elles, il est possible d'entreprendre le décollement
sur de larges surfaces d'une paroi kystique devenue adhérente aux
organes voisins, feuillet pariétal ou viscéral du péritoine, mésentère, épiploon, etc.

Les pinces en T sont plus particulièrement destinées aux surfaces de section qui saignent en bavant, et les grandes pinces
en cœur aux gros vaisseaux qui rampent sous les parois de la
tumeur et atteignent quelquefois le volume du petit doigt.

Les avantages de ces pinces sont tels que l'extraction d'un
kyste simple peut être obtenue, avec leur concours, sans faire
une seule ligature et sans que le malade perde plus de quelques
grammes de sang.

Pendant l'année 1874, nous avons assisté à près de quarante
gastrotomies pratiquées par M. Péan pour l'extirpation de tumeurs ovariques ou utérines, et nous pouvons dire qu'il n'en est
pas une où l'usage de ces pinces n'ait été d'un grand secours.
Si, au moment de refermer le ventre, les surfaces de section ou
les vaisseaux comprimés par les pinces sont encore susceptibles
de saigner, il faut laisser ces instruments en place et en former
une sorte de pédicule qu'on fixe vers l'angle inférieur de la plaie
abdominale. On comprendra facilement que l'opérateur ne s'at-
tache pas, dans ces cas, à faire des ligatures qui exigent un
temps précieux, et deviennent ensuite une source de dangers
pour la malade. Aussi M. Péan a-t-il peu à peu renoncé d'une
façon presque complète à ce dernier moyen d'hémostase dans
ces opérations aussi bien que dans toutes les autres.

Nous donnons ici quelques observations qui confirment cette manière d'agir (1).

OBSERVATION XXXII

Kyste très-volumineux. — Adhérences très-larges dans le bassin. — Morcellement de la tumeur. — Cautérisation au fer rouge. — Pinces hémostatiques laissées en place après l'opération. — Guérison (2).

Madame N..., sage-femme à Auneau, âgée de cinquante ans, entre à l'hôpital Saint-Antoine, dans le service de M. Péan, dans le courant de février 1872, pour une volumineuse tumeur de l'abdomen qui, dans l'espace de deux ans, a nécessité douze ponctions. Chacune d'elles a donné issue à un liquide épais et visqueux dont la quantité a varié chaque fois entre 15 et 25 litres. A la suite de l'une d'elles, M. Péan porta le diagnostic de kyste multiloculaire de l'ovaire avec adhérences multiples.

La gastrotomie fut pratiquée dans le courant d'avril de la même année à la maison des Sœurs-Augustines, rue de la Santé. M. le docteur Isambert, médecin des hôpitaux, assistait à l'opération.

L'incision des parois abdominales fut faite couche par couche, de l'ombilic au pubis. La tumeur était adhérente aux parois de l'abdomen et aux viscères; on appliqua, au fur et à mesure qu'on détachait ces adhérences, un très-grand nombre de pinces hémostatiques.

Après avoir extrait des plus grandes poches 20 litres d'un liquide épais et purulent, M. Péan ne put continuer l'opération que par le morcellement des autres portions de la tumeur, qui était aréolaire par places et complétement solide en d'autres points.

Pendant cette dernière partie de l'opération, il fallut comprimer avec diverses pinces une soixantaine de vaisseaux dont les diamètres variaient depuis celui d'une plume de corbeau jusqu'à celui du petit doigt, et qui étaient placés principalement sur le côté droit du ventre et du bassin. La tumeur, dont la structure rappelait celle de certains kystes multiloculaires de l'ovaire, était complétement dépourvue de pédicule; la surface qui la nourrissait était sous-péritonéale, présentait la largeur des deux mains, et s'étendait depuis l'utérus, dont la moitié droite faisait partie de la tumeur,

(1) Nous devons ces observations de gastrotomie à l'obligeance de M. le docteur Barrault; nous avons dû en retrancher tout ce qui ne touchait pas à l'objet de ce travail.

(2) Cette observation a déjà été publiée par MM. Danet (*De l'alcool dans le trait. des malad. puerp.*, Paris, 1872) et Gros-Filhay (*Des indications et contre-indications dans le trait. des kystes de l'ovaire*, Paris, 1874).

jusque dans la fosse iliaque droite, où elle était accolée au cæcum et à l'appendice vermiculaire.

Convaincu qu'il y avait impossibilité complète à attirer au dehors, vers l'angle inférieur de la plaie, pour en former un pédicule, les vaisseaux nombreux et volumineux que les pinces comprimaient, M. Péan dut recourir à la cautérisation des surfaces d'implantation par le cautère actuel.

Grâce à ces précautions, tout danger semblait être écarté, lorsque tout à coup, de l'épaisseur de l'utérus, jaillit un jet de sang artériel du volume à peu près de celui qui viendrait de la fémorale. Ce jet fut arrêté aussitôt par la compression pratiquée avec les doigts et les pinces hémostatiques. Mais cette manœuvre, bien que rapide, fut cependant assez laborieuse pour détacher les caillots qui oblitéraient une douzaine de vaisseaux importants du voisinage, et qu'il fallut comprimer de nouveau avec des pinces. Six de ces instruments furent laissés en place et ramenés à la partie inférieure de la plaie avec les deux bouts du lien métallique jeté sur l'utérus. Ces pinces furent enlevées au bout de douze heures.

La malade se rétablit vite et fut présentée à l'Académie.

OBSERVATION XXXIII

Tumeur fibro-cystique insérée sur le mésentère et le fond du bassin, et renfermant de nombreux débris fœtaux. — On est assez heureux pour l'énucléer du sac cellulo-fibreux qui lui sert d'enveloppe. — Conservation d'une partie de cette membrane. — Guérison par suppuration. — Dix pinces hémostatiques sont laissées en place après l'opération.

Madame M..., âgée de vingt-neuf ans, subit la gastrotomie le 6 janvier 1874 pour une volumineuse tumeur abdominale contenue dans une coque cellulo-vasculaire, dont il fut très-difficile de l'énucléer. Près de soixante pinces furent appliquées successivement par M. Péan, soit au moment de la rupture des adhérences, soit pendant l'excision de la tumeur, qui fut extraite par la méthode de morcellement (1).

Dix pinces furent laissées en place après l'opération, sur le segment inférieur de la tumeur, et ramenées à la partie inférieure de la plaie, que M. Péan laissa ouverte après y avoir suturé les bords de la coque enveloppant la tumeur. Une partie des pinces fut retirée le lendemain, et les autres le troisième jour. Les suites de l'opération furent des plus simples;

(1) Voyez Péan et Urdy, *De l'hystérotomie*, 1873; et Urdy, *Ovariotomie et hystérotomie*, 1874.

dix-huit jours après, l'ouverture de la paroi abdominale s'était tellement rétrécie qu'elle pouvait à peine admettre un tube de caoutchouc pour y pratiquer des lavages.

La malade put se lever dès le 29 janvier.

OBSERVATION XXXIV

Kyste multiloculaire de l'ovaire. — Ovariotomie. — Guérison. — Pinces hémostatiques placées en grand nombre sur l'épiploon pendant l'opération.

Madame G... fut opérée, en septembre dernier, par M. Péan, d'un kyste multiloculaire de l'ovaire avec adhérences épiploïques très-vasculaires. Les divers points saignants de cette portion d'épiploon furent comprimés à mesure qu'ils étaient séparés de la paroi kystique entre les mors de vingt-cinq pinces; le tout fut enveloppé dans des serviettes chaudes, pendant que M. Péan continuait à extirper les poches kystiques. Quand, après cette manœuvre, les pinces furent enlevées, aucune goutte de sang ne parut. L'épiploon fut remis en place sans qu'aucune ligature ait été pratiquée, et la plaie fermée comme d'habitude.

OBSERVATION XXXV

Tumeur fibro-cystique de l'utérus, chez une femme enceinte. — Hystérotomie. Guérison.

Madame T..., quarante-trois ans, veuve, fut opérée par M. Péan, le 15 décembre 1874.

Ayant fait une incision étendue du pubis à trois travers de doigt au-dessus de l'ombilic, M. Péan s'aperçoit que la tumeur est contenue dans une coque cellulo-fibreuse traversée par une grande quantité de vaisseaux dont la rupture, sans l'emploi d'un nombre considérable de pinces, aurait déterminé une hémorrhagie dangereuse.

L'opérateur ponctionne successivement toutes les parties kystiques, enlève les parties solides de la tumeur par la méthode de morcellement, et excise même toute la partie de l'utérus dans laquelle s'est développée la tumeur.

Cette portion d'utérus se montre considérablement hypertrophiée, vascularisée, et remplie d'un liquide limpide.

L'opérateur la saisit de nouveau dans des ligatures métalliques qui servent à l'attirer vers l'angle inférieur de la plaie, à la manière du pédicule d'un kyste; mais ces ligatures ne suffisent pas à réprimer l'écoulement du sang provenant des vaisseaux qui se rendaient de l'utérus et des ligaments larges à la tumeur. Aussi, en présence du calibre et du grand nombre de ces vaisseaux, M. Péan n'hésite pas à les comprimer avec quinze pinces qu'il laisse à demeure.

La présence de ces pinces, la profondeur à laquelle elles s'engageaient (quelques-unes allant au fond de la cavité pelvienne), ne permettaient pas de les laisser longtemps sans crainte de péritonite ou de phlegmon, aussi, dès le soir même, toutes ces pinces furent retirées sans qu'il en résultât le moindre écoulement de sang. Deux jours après, à la suite de vives coliques, le malade expulsait un fœtus de quatre mois environ, que M. Péan avait laissé dans la portion d'utérus hypertrophiée sous-jacente à la tumeur, sans que les douleurs expulsives aient fait apparaître d'hémorrhagie.

Trois semaines plus tard, la malade retournait en Belgique complétement guérie.

Nous croyons devoir rapprocher de ces observations la relation d'une opération de fibro-lipome énorme du cou, qui, pour être menée à bonne fin, exigea le concours de l'appareil instrumental habituel des gastrotomies.

OBSERVATION XXXVI

Fibro-lipome énorme du cou. — Ablation, pas de ligatures. — Pleurésie intercurrente. — Guérison.

Gauthier J. B., âgé de cinquante ans, n° 59, salle Saint-Augustin, entre à l'hôpital Saint-Louis le 24 octobre 1874. — Il porte, depuis une quinzaine d'années, à la partie latérale gauche du cou, une tumeur qui s'est développée lentement d'abord, puis beaucoup plus rapidement depuis deux ou trois ans. Cette tumeur a toujours été et est encore indolore, mais son poids est devenu insupportable; le malade est obligé de la soutenir au moyen d'une écharpe et du bras correspondant; il se décide à venir à Paris, espérant pouvoir en être débarrassé. Cette grosseur, de forme ovoïde, a environ deux fois le volume de la tête du malade. Elle est attachée au cou par un pédicule aplati de haut en bas, large de 15 à 16 centimètres. Sa surface est couverte de veines dilatées et flexueuses, surtout développées à la partie antérieure, où elles présentent des dilatations variqueuses de la grosseur du petit doigt. La peau, saine d'ailleurs, présente, dans toute la partie inférieure, un œdème qui lui donne une épaisseur très-considérable, et produit par place, au toucher, une sensation assez nette de fluctuation. On voit, à l'extrémité inférieure de la tumeur, les vestiges d'un trajet fistuleux, actuellement presque fermé, qui donne parfois issue, au dire du malade, à un écoulement séreux abondant. La consistance de cette masse est partout mollasse ; on ne trouve sur aucun point d'induration ni d'adhérences à la peau. La tumeur paraît se prolonger à travers le pédicule sous les muscles superficiels du cou. Le diagnostic posé fut lipome, et l'ablation décidée pour le 31 octobre.

L'opération fut pratiquée avec l'assistance du docteur Cintrat.

Pour éviter autant que possible la perte de sang, et surtout pour se mettre en garde contre les dangers de l'ouverture des veines du cou, M. Péan se décide à pratiquer l'opération par sa méthode de morcellement. La tumeur est traversée de haut en bas, à quelques centimètres du point où elle se pédiculise, par un trocart courbe qui sert à faire passer un double fil métallique, dont les extrémités, engagées dans deux serre-nœuds du docteur Cintrat, étranglent la totalité de la tumeur, et empêchent l'arrivée du sang. Les anses métalliques sont maintenues par deux broches d'acier placées en croix qui traversent la masse de part en part. Sectionnant alors d'un coup de couteau la tumeur à peu près jusqu'au niveau de la ligature, M. Péan enlève rapidement les deux fragments ainsi formés, puis applique sur les points les plus vasculaires des téguments divisés une couronne de huit à dix pinces en T.

Les fils de fer étant alors coupés et retirés, on saisit encore, avec de nouvelles pinces, tous les vaisseaux qui donnent du sang, puis M. Péan commence la dissection de la tumeur en l'enlevant morceau par morceau. Cette dernière partie de l'opération fut longue et difficile ; le lipome envoyait, comme on l'avait prévu, des prolongements profonds et nombreux, dont un antérieur atteignait la veine jugulaire, qui fut mise à nu. Il n'existait pas, comme dans les lipomes proprement dits, d'enveloppe fibreuse, et chacun des prolongements dut être minutieusement disséqué, l'opérateur employant alternativement le bistouri, la spatule ou les doigts, et plaçant une pince hémostatique sur les vaisseaux au fur et à mesure qu'ils étaient divisés. Lorsque le dernier fragment eut été enlevé, il y avait dans la plaie une trentaine de pinces ordinaires, indépendamment des pinces en T placées sur les bords. — M. Péan réséqua alors les portions de peau inutiles, et laissant à la partie postérieure une ouverture suffisante pour la suppuration, ferma la plaie par une suture entortillée à trois branches. Des deux sutures verticales, l'une remontait en arrière jusqu'au niveau de l'apophyse mastoïde; l'autre, antérieure, atteignait presque la clavicule. La suture transversale, qui représentait à peu près la ligne d'insertion du pédicule, un peu allongée, mesurait 16 à 17 centimètres de longueur. La tumeur était formée par du tissu graisseux contenu dans une trame fibreuse assez développée; les différents fragments réunis présentaient un poids de onze livres et demie. L'opération dura une heure et demie, et ne donna lieu qu'à une hémorrhagie très-faible relativement au volume et à la richesse vasculaire de la tumeur. — Aucune ligature ne fut faite; les pinces placées sur les téguments furent retirées immédiatement après l'opération; neuf pinces fixées sur les parties profondes furent retirées au bout de vingt heures, et une mèche introduite d'arrière en avant sous la suture tranversale. Il n'y eut pas d'hémorrhagie; la réunion se fit par première intention au niveau des sutures et dans presque toute l'étendue de la plaie non entretenue par la mèche. La réaction fut très-faible; il y eut à peine de fièvre pendant les premiers jours, et les forces revenaient rapidement, lorsque le malade fut pris, le huitième jour, d'une pleurésie aiguë du côté droit, qui ne retarda pas sensiblement la cicatrisation. Celle-ci ne présenta d'autre accident qu'un petit abcès de la nuque qui parut au bout de quinze jours au voisinage de l'ouverture, et elle était presque complète quand le malade quitta l'hôpital, le 27 novembre.

CONCLUSION

Nous pourrions rapporter encore un grand nombre de faits où les pinces hémostatiques ont été employées avec avantage, car c'est par centaines qu'il faudrait compter les opérations dans lesquelles M. Péan les a appliquées depuis plusieurs années. Toutes les personnes qui ont assisté à ses cliniques ont été frappées comme nous des avantages réalisés par ce procédé d'hémostase. Infiniment plus simple et plus facile à exécuter que la ligature ou la torsion, la forcipressure ne le cède pas davantage à ces procédés par les résultats définitifs qu'elle donne. Elle permet, en outre, de pratiquer les opérations en perdant moins de sang qu'avec toute autre méthode, et ne cause aucune douleur au malade, grâce aux instruments perfectionnés qui servent à l'exécuter.

Nous croyons donc, en terminant, pouvoir tirer des faits exposés dans ce travail les propositions suivantes :

1° La forcipressure ne peut être confondue avec aucun autre procédé d'hémostase.

2° D'origine ancienne, elle n'a été employée méthodiquement que dans ces dernières années, pour remplacer dans les opérations chirurgicales les procédés d'hémostase généralement usités, tels que la ligature, la torsion, etc...

3° Elle n'a pris véritablement rang dans la science qu'à partir du jour où M. Péan a fait construire, pour l'exécuter, des pinces spéciales dites *pinces hémostatiques* (1).

4° Ces pinces permettent d'obtenir l'*hémostasie préventive* dans un certain nombre d'opérations sur la langue, les joues, etc..., et d'une façon générale dans les ablations de tumeurs pédiculées ou faciles à pédiculiser. (*Forcipressure préventive.*)

5° Appliquées sur l'extrémité des vaisseaux divisés dans le cours d'une opération ou par le fait d'un traumatisme accidentel, ces pinces produisent l'*hémostasie temporaire*. (*Forcipressure temporaire.*)

6° Laissées en place sur ces vaisseaux pendant quelque temps, le plus souvent de deux à trente-six heures, elles déterminent l'*hémostasie définitive*, et peuvent ainsi remplacer avantageusement, dans la plupart des cas, la torsion et la ligature, leur séjour dans les plaies ne déterminant jamais d'accidents. (*Forcipressure définitive.*)

(1) Ces dernières conclusions ont déjà été présentées à l'Académie de médecine dans la séance du 19 janvier 1875.

TABLE DES FIGURES

FIN DE LA TABLE DES FIGURES

TABLE DES MATIÈRES

CHAPITRE IV

*De la forcipressure pendant les opérations comme moyen d'hémostasie temporaire
ou définitive.*

FIN DE LA TABLE DES MATIÈRES

PARIS. — IMPRIMERIE DE E. MARTINET, RUE MIGNON, 2.